Étapes Formation

CAP

Accompagnant éducatif petite enfance

Entraînement

W0471057

110 Entraînements

Épreuves professionnelles

EP1 • EP2 • EP3

Louisa Rebih
Professeur de sciences et techniques médico-sociales et formatrice à l'Institut national supérieur du professorat et de l'éducation (INSPE)

Nathan

Sommaire

Crédits photographiques
Couverture : Adobe Stock/Oksana Kuzmina

Édition : Alexis Roume
Conception intérieure : Frédéric Jély
Mise en pages : CGI
Illustrations : Coredoc
Conception couverture : Marie-Astrid Bailly-Maître
Fabrication : Emmanuelle Perrier

© Nathan – 92 avenue de France, 75013 Paris – 2022
ISBN 978-2-09-167449-0

DANGER LE PHOTOCOPILLAGE TUE LE LIVRE

"Le photocopillage, c'est l'usage abusif et collectif de la photocopie sans autorisation des auteurs et des éditeurs.
Largement répandu dans les établissements d'enseignement, le photocopillage menace l'avenir du livre, car il met en danger son équilibre économique. Il prive les auteurs d'une juste rémunération.
En dehors de l'usage privé du copiste, toute reproduction totale ou partielle de cet ouvrage est interdite."

Présentation de l'examen du CAP Accompagnant éducatif petite enfance

Cet ouvrage vous propose un entraînement intensif aux épreuves professionnelles ponctuelles du CAP Accompagnant éducatif petite enfance (pour les candidats non scolaires qui s'inscrivent en candidats libres).

1 Les conditions d'inscription à l'examen

Lorsque vous vous inscrivez en candidat libre auprès de votre inspection académique (de votre Département), vous êtes convoqué pour passer l'ensemble des épreuves du CAP Accompagnant éducatif petite enfance lors des sessions d'examens. Vous allez ainsi passer les **épreuves d'enseignement général** (sauf si vous en êtes dispensés) et les **épreuves d'enseignement professionnel**.

■ **Si vous possédez déjà un diplôme de niveau V** (comme un CAP), vous êtes dispensé des épreuves d'enseignement général (français/ histoire - géographie enseignement moral et civique / mathématiques - sciences physiques et chimiques). Vous devez en revanche passer les épreuves d'enseignement professionnel : EP1 (dont Prévention Santé environnement), EP2 et EP3.

■ **Si vous vous présentez pour la seconde fois à l'examen** du CAP Accompagnant éducatif petite enfance, mais que vous n'avez pas obtenu le diplôme, vous pouvez garder le bénéfice de vos notes qui dépassent la moyenne et ne présenter que les autres épreuves (celles que vous n'avez pas pu valider ; aussi bien en enseignement général que professionnel).

2 Le contenu des épreuves professionnelles

Ces épreuves permettent aux jurys d'évaluer vos compétences pour l'accueil et la garde des jeunes enfants, dans le cadre du milieu familial et de structures collectives. Ces compétences découlent directement des quatre grandes fonctions que vous assurerez en tant que titulaire du CAP Accompagnant éducatif petite enfance :
– l'accueil et la communication ;
– l'organisation ;
– les réalisations liées aux besoins fondamentaux de l'enfant ;
– l'accompagnement de l'enfant dans les actes de la vie quotidienne et dans son éducation.

■ L'épreuve EP1 : Accompagner le développement du jeune enfant

coefficient 6 + 1 pour la Prévention Santé Environnement

■ Déroulement de l'épreuve :

C'est une épreuve orale qui repose sur un exposé du candidat suivi d'un entretien d'une durée totale de **25 minutes.**
Le candidat prépare deux fiches qu'il présente le jour de l'examen devant le jury : l'une relative à la réalisation d'un soin du quotidien et l'autre à l'accompagnement de l'enfant dans ses découvertes et ses apprentissages. Les fiches doivent présenter le contexte d'intervention et décrire des activités.

■ Les activités concernées par cette épreuve sont :

– accompagner l'enfant dans ses découvertes et ses apprentissages ;
– prendre soin et accompagner l'enfant dans les activités de la vie quotidienne.

■ Les compétences attendues sont :

– recueillir les informations, s'informer sur les éléments du contexte et de la situation professionnels à prendre en compte ;
– adopter une posture professionnelle adaptée ;

– mettre en œuvre les conditions favorables à l'activité libre et à l'expérimentation dans un contexte donné ;
– mettre en œuvre des activités d'éveil en tenant compte de la singularité de l'enfant ;
– réaliser des soins du quotidien et accompagner l'enfant dans ses apprentissages ;
– appliquer des protocoles liés à la santé de l'enfant.

■ **L'épreuve prend appui sur une PFMP d'au moins 4 semaines** en EAJE ou auprès d'un assistant maternel agréé ou d'un service d'aide à domicile offrant des prestations de garde d'enfants de moins de 3 ans répondant aux exigences.

L'épreuve peut également prendre appui sur une expérience professionnelle d'au moins 12 semaines en EAJE ou dans le contexte d'intervention professionnel du domicile.

■ **L'épreuve de Prévention Santé Environnement** – *Coefficient 1*

Cette épreuve est écrite et dure 1 heure ; elle est intégrée à l'épreuve EP1 et est notée sur 20 points.

Elle s'appuie plus particulièrement sur la mise en œuvre d'une démarche d'analyse de diverses situations. Le sujet comprend une ou plusieurs questions sur chacune des 4 thématiques du programme.

L'évaluation inclut obligatoirement l'un des risques commun à tous les secteurs professionnels : risques liés à l'activité physique, risques liés à la charge mentale, risque lié au bruit.

■ L'épreuve EP 2 : Exercer son activité en accueil collectif

coefficient 4

■ **Déroulement de l'épreuve :**

C'est une épreuve écrite d'une **durée d'1 h 30**. Elle comporte des questions qui évaluent tout ou partie des compétences et des savoirs du bloc de compétences « Exercer son activité en accueil collectif ».

■ **Les activités concernées par cette épreuve sont :**

– inscrire son action dans le réseau des relations enfant/parents/professionnels ;
– exercer son activité en école maternelle ;
– exercer son activité en EAJE et en ACM.

■ **Les compétences attendues sont :**

– coopérer avec l'ensemble des acteurs dans un but de cohérence, d'adaptation et de continuité de l'accompagnement ;
– établir une relation privilégiée et sécurisante avec l'enfant ;
– assurer une assistance pédagogique au personnel enseignant ;
– assurer des activités de remise en état des matériels et des locaux en école maternelle.

■ Une PFMP d'au moins quatre semaines ou une expérience professionnelle d'au moins 12 semaines en école maternelle ou en EAJE ou en ACM (moins de 6 ans) **est exigée pour présenter l'épreuve EP2.**

■ L'épreuve EP 3 : Exercer son activité en accueil individuel

coefficient 4

■ **Déroulement de l'épreuve :**

C'est une épreuve orale qui repose sur un exposé du candidat suivi d'un entretien d'une durée totale de **25 minutes.** Un temps de préparation éventuel est prévu de 1 h 30.
Le candidat présente un projet d'accueil élaboré à partir d'un ensemble documentaire.
Les AMA et les employés à domicile ont la possibilité de présenter un projet d'accueil réel qui prend appui sur leur contexte d'intervention professionnel du domicile. L'AMA ou l'employé à domicile qui fait ce choix au moment de l'inscription au diplôme dépose un dossier présentant le projet d'accueil à la date fixée par le Recteur (5 pages au maximum). En l'absence du dépôt du projet d'accueil à la date fixée par le Recteur, le candidat n'est pas autorisé à passer l'épreuve.

■ **L'activité concernée par l'épreuve est :** exercer son activité a son domicile, celui des parents ou en maison d'assistants maternels.

■ **Les compétences attendues sont :**

- organiser son action et négocier le cadre de l'accueil ;
- assurer les opérations d'entretien du logement et des espaces réservés à l'enfant ;
- élaborer des repas.

Compétences communes aux différents contextes d'exercice professionnel

Compétences communes transversales :

T1	- Recueillir les informations, s'informer sur les éléments du contexte et de la situation professionnels à prendre en compte	EP1
T2	- Adopter une posture professionnelle adaptée	EP1
T3	- Établir une relation privilégiée et sécurisante avec l'enfant	EP2
T4	- Coopérer avec l'ensemble des acteurs concernés dans un but de cohérence, d'adaptation et de continuité de l'accompagnement	EP2
T5	- Organiser son action	EP3

Compétences communes de réalisation :

RC1	- Mettre en œuvre les conditions favorables à l'activité libre et à l'expérimentation dans un contexte donné	EP1
RC2	- Mettre en œuvre des activités d'éveil en tenant compte de la singularité de l'enfant	EP1
RC3	- Réaliser les soins du quotidien et accompagner l'enfant dans ses apprentissages	EP1
RC4	- Appliquer les protocoles liés à la santé de l'enfant	EP1

Compétences spécifiques aux secteurs d'activité

RS1	- Assurer une assistance pédagogique au personnel enseignant	EP2
RS2	- Assurer des activités de remise en état des matériels et locaux en école maternelle	EP2
RS3	- Négocier le cadre de l'accueil	EP3
RS4	- Assurer les opérations d'entretien du logement et des espaces réservés à l'enfant	EP3
RS5	- Élaborer des repas	EP3

J.O. du 13 avril 2017.

Entraînement à l'EP1

Accompagner le développement du jeune enfant

- Tout savoir sur l'EP1
- Connaissances théoriques
- Connaissances pratiques
- Connaissances technologiques

Tout savoir sur l'EP1

Cette partie vise à vous préparer à l'exposé et l'entretien de l'épreuve EP1 « Accompagner le développement du jeune enfant », notamment en vous aidant à la **construction des deux fiches** qui seront à présenter.

1 Rappels des textes officiels

Les deux fiches sont le support de l'entretien conduit par le jury lors de l'épreuve EP1. Elles doivent présenter le contexte d'intervention et décrire des activités. L'une est relative à la réalisation d'un soin du quotidien et l'autre relative à l'accompagnement de l'enfant dans ses découvertes et ses apprentissages.

Ces fiches sont établies à partir de la formation en EAJE ou au domicile privé ou de l'expérience professionnelle dans ces mêmes milieux.

En **l'absence de l'ensemble des fiches**, le candidat se verra attribuer **zéro à cette épreuve**.

■ **L'épreuve dure 25 minutes et se déroule en deux temps :**

– **un exposé** d'une durée de 5 à 10 minutes, au cours duquel le candidat présente et justifie le choix des activités ;

– **un entretien** d'une durée de 15 à 20 minutes qui permet au jury d'approfondir certains éléments de sa présentation et de vérifier la maîtrise de certaines compétences.

■ **Les compétences attendues sont :**

– recueillir les informations, s'informer sur les éléments du contexte et de la situation professionnels à prendre en compte ;

– adopter une posture professionnelle adaptée ;

– mettre en œuvre les conditions favorables à l'activité libre et à l'expérimentation dans un contexte donné ;

– mettre en œuvre des activités d'éveil en tenant compte de la singularité de l'enfant ;

–réaliser des soins du quotidien et accom-pagner l'enfant dans ses apprentissages ;

– appliquer des protocoles liés à la santé de l'enfant.

■ Les justificatifs des **PFMP d'au moins 4 semaines en EAJE ou auprès d'un assistant maternel agréé ou service d'aide à domicile offrant des prestations de garde d'enfant(s) de moins de 3 ans** ou les justificatifs **d'expérience professionnelle d'au moins 12 semaines** en EAJE ou au domicile privé, doivent être remis à la date fixée par le recteur. Ils précisent les lieux, les durées accomplies, le type de public concerné ainsi que les activités effectuées par le candidat.

En **l'absence d'attestation de PFMP** confor-me aux exigences de l'épreuve et fournie à la date fixée par le Recteur, le candidat ne sera **pas autorisé à se présenter à l'épreuve** et le diplôme ne pourra pas lui être délivré.

2 Contenu des deux fiches

Chaque fiche doit être structurée en deux parties :

– la présentation du contexte : **la (ou les) structure(s)** dans laquelle vous travaillez ou dans lesquelles vous

avez été stagiaire ;
– la description de l'activité :
fiche 1 → présente une activité relative à la réalisation d'un soin du quotidien ;
fiche 2 → présente une activité relative à l'accompagnement de l'enfant dans ses découvertes et ses apprentissages.

a) Première partie : présentation du contexte d'intervention

Vous présenterez le lieu dans lequel vous avez exercé en précisant : son nom, son historique, sa situation géographique, son fonctionnement, les usagers de la structure et le personnel. Il faudra être au clair avec chacun des items suivants pour sélectionner les éléments à mettre en avant ensuite dans votre fiche.

■ **Le nom du lieu d'exercice** (de la structure, du service, du domicile privé…).

■ Son historique

Il s'agit de la date et des circonstances particulières de sa création, de l'évolution de la structure (les agrandissements, les changements de statuts…).

■ Sa situation géographique

Il est important de préciser le lieu d'implantation de la structure que vous présentez, car en fonction de cette situation géographique, le fonctionnement d'une structure sera différent d'un endroit à un autre : les heures d'ouverture, la participation ou non des parents, le type d'activités qui sont proposées, le projet d'établissement, les publics accueillis, les caractéristiques des parents.

■ Sa forme juridique

Ce peut être une structure de droit privée ou de droit public :

– une **personne morale de droit privé**, peut être à **but non lucratif** (association) ou à but lucratif (crèches privées) ;
– une **personne morale de droit public**, peut dépendre : de l'État, des collectivités territoriales et leurs groupements, d'établissements publics, ou de groupements d'intérêt public ;
– une **personne physique : assistant maternel agréé.**

Une **personne morale** est un groupement de personnes qui se voit reconnaître une existence juridique et qui, à ce titre, a des droits et des obligations.

Remarque

Il est important d'indiquer le statut de la structure (c'est-à-dire sa forme juridique), car il a des conséquences sur l'ensemble de la structure : sur son financement, sur son fonctionnement (avec des parents ou non par exemple dans une structure privée parentale), sur le statut des professionnels et leurs qualifications (agents territoriaux ou non…), sur le coût pour les usagers (école privée payante ou école publique gratuite…).

■ Son agrément

Il est intéressant de connaître le type d'agrément que possède une structure pour fonctionner, de savoir qui le délivre, ainsi que les conditions de son renouvellement (la PMI par exemple pour les structures d'accueil, ou l'agrément des assistantes maternelles).

■ Son financement

Cela revient à préciser : « de qui la structure reçoit-elle de l'argent ? ».
Ce peut être des parents (le coût de scolarité pour les écoles privées, les frais de garde…), et/ou des financements de la CAF (pour les structures d'accueil) et/ou des collectivités territoriales (structures collectives munici-

pales) et/ou des aides de l'État...

Son fonctionnement

La fonction de la structure ou du domicile : il faut préciser le rôle de la structure et sa fonction première : Est-ce un mode de garde ? À quelle demande répond-elle auprès des usagers ? Pourquoi a-t-elle été créée ?

Les horaires de fonctionnement :
vous devez présenter les horaires d'ouverture, les tranches horaires s'il y en existe plusieurs. Si la structure ou la personne physique fonctionne sur un mode spécifique, il faut le noter (heures d'ouverture très tôt ou très tard pour les parents qui travaillent tôt ou tard, horaires spéciaux pour les crèches hospitalières accueillant les enfants du personnel...).

Les roulements pour les ouvertures ou les fermetures de la structure sont à préciser également (une personne ou deux à l'ouverture, par exemple...).

Le déroulement d'une journée :
il faut présenter l'organisation de la journée, les « rituels », le découpage horaire des activités, les temps d'accueil, de goûter, de repas, de repos, d'activité physique...

Les usagers

Le nombre d'enfants et leurs âges :
Vous devez indiquer le nombre total d'enfants inscrits dans la structure et leurs âges : cela permet d'avoir une idée de l'importance de la structure en terme de capacités d'accueil, ainsi que de comprendre ensuite le découpage des effectifs dans la structure.

Si certains enfants viennent occasionnellement, il faut le faire apparaître dans l'effectif global, mais il faut indiquer le nombre d'enfants pouvant être accueillis par jour (souvent ce n'est pas le même pour les structures d'accueil).

Leur répartition dans la structure :
À partir du nombre d'enfants, vous pouvez faire apparaître le découpage dans la structure en groupes d'enfants : en fonction de l'âge, en fonction de leur maturité, des activités (les nourrissons, les 2/3 ans...) ou l'organisation au domicile concernant les lieux de repos...

Les conditions à remplir pour être un usager :
Ces conditions varient selon le type de structure et selon leur statut (public ou privé).
Ce peut être : habiter dans la commune, et/ou les deux parents qui travaillent, et/ou participer à la vie de la structure en donnant de son temps (structure d'accueil à gestion parentale).

Les documents à fournir :
Selon la nature de la structure (le rôle), les documents varient : carnet de santé, livret de famille, certificat médical...

Le personnel

Le nombre :
Le nombre de personne est souvent fonction du nombre d'enfants accueillis. Les agréments obtenus par les structures sont soumis à une obligation réglementaire imposant un nombre de personnes encadrant en fonction du nombre d'enfants.

Leur qualification :
Il faut mentionner les qualifications des professionnels pour faire apparaître la complémentarité des professionnels. En effet, tous n'ont pas le même rôle, ce qui est important pour répondre aux besoins de l'enfant dans sa globalité.
De plus, selon les structures, certaines qualifications sont exigées selon le nombre d'enfants accueillis (par exemple une infirmière puéricultrice

en tant que directrice dans certaines structures d'accueil…).

Leur rôle et les tâches qu'ils effectuent :
Il faut expliquer la spécificité de chacun (l'auxiliaire de puériculture ne fera pas tout à fait le travail d'une éducatrice de jeunes enfants : l'une sera plus axée sur les soins et l'autre plus sur le travail éducatif…).

Leurs horaires :
Ce peut être intéressant de préciser les horaires de chacun s'ils sont différents, en précisant pourquoi.

Une présentation personnelle :
Vous pouvez dans cette partie développer votre rôle et les tâches que vous avez effectuées ou que vous effectuez si vous êtes salarié de la structure.

b) Description des activités

Vous devez présenter vos deux activités en leur donnant un titre (exemple : « L'aide à la toilette de Léo ». **Le titre : « titre de l'activité »**

■ La présentation de l'enfant de moins de 3 ans

Pour le choix de l'activité, il est judicieux d'avoir observé l'enfant avec lequel l'activité aura lieu. Cette activité sera fonction de ses particularités (âge, caractère…). De plus, elle ne se fait pas au hasard, elle s'inscrit dans un projet avec l'équipe ou avec les parents et en fonction du public : elle doit donc être adaptée à l'enfant ou au groupe d'enfants à qui elle est destinée. Il est donc important de les connaître.

Son prénom et son âge :
Vous pouvez présenter l'enfant en indiquant : son prénom ou les initiales de son prénom (en respectant le secret professionnel, sans donner de nom de famille), son âge au moment de l'activité, le groupe auquel il appartient si c'est en structure (petits, grands…).

Ses particularités :
Ce peut être le temps de présence dans la structure ou au domicile, la date de son inscription (récente ou non), les activités qu'il apprécie (des jeux calmes, les dessins, la lecture, des jeux de groupes ou individuels…), son adaptation à la vie en collectivité (la socialisation), sa place dans la fratrie (s'il a des frères et sœurs), son rythme de vie (les temps de sieste sont importants ou non…).

Les besoins de l'enfant à cet âge :
Il est nécessaire de rappeler les besoins propres à la tranche d'âge que vous avez choisie :
– besoin de stimulation motrice et sensorielle ;
– besoin intellectuel (apprendre, développer la curiosité…) ;
– besoin de communication, besoin d'expression…
Selon son âge, un enfant est non autonome (nourrisson) ou semi-autonome (les plus grands enfants) et les besoins et le rôle de l'adulte seront alors différents.

Ses capacités motrices :
Selon son âge et son stade de développement, ses capacités varient : acquisition ou non de la marche, acquisition de la préhension fine ou globale, de la posture…
Quel est son schéma corporel ? Que fait-il seul au quotidien (repas, propreté…) ?

Ses capacités intellectuelles :
Les actions de l'enfant sont-elles volontaires ? Pour arriver à son but, utilise-t-il un moyen qu'il connaît, ou bien réfléchit-il pour trouver une solution ? Devient-il capable d'imiter sans avoir le modèle devant lui (jeu

symbolique par exemple) ? L'enfant raisonne-t-il ? Pose-t-il beaucoup de questions (à partir de 3 ans et jusqu'à 6 ans) ?
Quelle est sa maîtrise du langage ? S'exprime-t-il correctement ou pas ? Quelles sont ses capacités d'attention ?

Le choix de l'activité

En fonction de l'enfant (et du groupe d'enfants dans lequel il est si c'est en structure) et de leurs particularités (que vous aurez expliquées), vous pouvez justifier l'activité choisie en indiquant qui la propose, si elle fait partie d'un projet de l'équipe, si c'est un rituel…
Il faudra insister sur l'intérêt de cette activité pour cet enfant-là en particulier : par rapport à ce que vous venez de décrire dans sa présentation, qu'est-ce que cette activité peut lui apporter sur le plan moteur, sensoriel, affectif, intellectuel, social ?

La préparation de l'activité

Il s'agit de présenter la manière dont vous avez planifié votre activité. Il faut tenir compte du nombre d'enfants qui participent si c'est en structure, prévoir le moment le plus opportun à cette activité et la durée adéquate (en fonction de la tranche d'âge et de sa capacité d'attention), aménager l'espace (l'installation de l'espace), préparer le travail (les documents ou le matériel, le livre ou la liste du matériel et des produits…).
Vous devez penser au déroulement complet de votre activité : comment allez-vous vous y prendre ? Quelles sont les étapes de l'activité ? Que faites-vous faire ou non à l'enfant ? Combien de temps prévoyez-vous ?
Il faut penser à un travail de sensibilisation auprès de l'enfant si c'est une activité qui s'inscrit dans le temps, dans un projet…

La réalisation de l'activité

Vous devez présenter la façon dont vous avez mis en œuvre l'activité que vous aviez prévue : les consignes que vous avez données à l'enfant (y compris les consignes de sécurité), la présentation des étapes de la réalisation (votre attitude au cours de l'activité et le comportement de l'enfant) et la clôture de l'activité.

L'analyse et l'évaluation de l'activité

Il s'agit de développer :
– **les points positifs** dans cette activité : au cours de la préparation, de la réalisation de l'activité, votre manière de mener l'activité, le comportement de l'enfant… ;
– **les points à améliorer** : sur le déroulement, sur la gestion de l'activité, sur la gestion de l'enfant ou du groupe… ;
– **vos propositions pour améliorer** éventuellement l'activité : utiliser des moyens différents, une organisation différente, un enfant ou groupe d'enfants plus âgés ou plus jeunes, un nombre plus restreint d'enfants, un mode d'animation différent…

Pour présenter votre activité vous pouvez vous inspirer des modèles des fiches techniques de soin et d'animation proposées dans l'ouvrage.

Voici ci-après :
– un exemple d'une **fiche d'activité relative à la réalisation d'un soin du quotidien ;**
– un exemple d'une **fiche relative à l'accompagnement de l'enfant dans ses découvertes et ses apprentissages.**

Exemple d'informations à donner sur la fiche d'activité **relative à la réalisation d'un soin au quotidien :**

Nom du lieu d'exercice : *c'est-à-dire nom de la structure, du service, du domicile privé…*

Situation géographique : *c'est-à-dire son lieu d'implantation*

Historique : *indiquer la date et les circonstances de sa création, de son évolution…*

Forme juridique : *indiquer la personne physique (ou morale) de droit public (ou privé)*

Agrément : *indiquer la date et le type d'agrément (PMI et /ou autre)*

Financement : *par les parents, la CAF, les collectivités territoriales et/ou aides de l'État ?*

Fonctionnement :
- *indiquer la fonction de la structure (ou du domicile) ;*
- *indiquer les horaires de fonctionnement ;*
- *décrire le déroulement d'une journée type (peut-être illustré par un schéma).*

8 h	11 h 30	12 h 30	15 h 30	16 h à 18 h
accueil	repas	sieste	goûter	← départ →

Caractéristiques des usagers :
- nombre d'enfants et tranches d'âges : ..
- répartition des enfants dans la structure (ou au domicile) : ....
- conditions à remplir pour l'intégrer : ....
- documents à fournir ....

Caractéristiques du personnel :
- nombre : ....
- qualification : ....
- rôle et tâches : ....
- horaires de travail : ....

Titre de l'activité : **par ex. « aide au lavage des mains », « aide au brossage des dents », « change », « passage aux toilettes »…**

Type d'activité : *de soin d'hygiène ou de confort…*

Lieu : *indiquer si elle se déroule dans la salle de bains au domicile, les toilettes collectifs en structure…*

Moment de la journée : *s'agit-il du matin, midi, après le repas, après la sieste, au goûter, après le goûter, le soir…*

Durée : *indiquer le temps estimé du soin*

Objectifs de l'activité (exemples) :
- assurer le confort, l'hygiène, le bien-être de l'enfant ;
- prévenir les érythèmes fessiers ;
- assurer le l'hygiène, le confort de l'enfant et favoriser le développement de l'autonomie ;
- assurer les besoins nutritionnels, le confort de l'enfant et développer le goût…

Caractéristiques de l'enfant :
- Son prénom et son âge : ....
- Ses particularités : ....
- Les besoins de l'enfant à cet âge : ....
- Ses capacités motrices, intellectuelles… : ....

MATÉRIELS ET PRODUITS : *exemples*

- matelas de change
- serviette
- gant de toilette
- brosse à dents adaptée à l'âge de l'enfant
- dentifrice
- verre d'eau
- savon doux
- des vêtements propres
- thermomètre pour le bain
- jouet
- corbeille de linge sale
- poubelle
- lavette
- détergent-désinfectant

Installation du lieu

Préciser si un agencement particulier est nécessaire.

Organisation du plan de travail

– Respecter le circuit propre et sale.

– Se positionner au milieu du poste de travail.

Il est possible d'insérer ici un schéma pour indiquer sa position et les éléments nécessaires à l'activité.

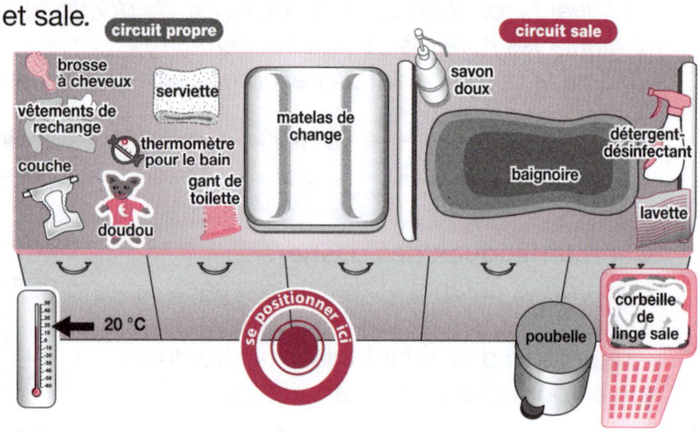

Préparation de l'activité

1. Porter une tenue adaptée.
2. Se laver les mains.
3. Préparer le lieu, fermer les fenêtres.
4. Préparer le matériel et les produits.

Déroulement de l'activité

Préciser les différentes étapes, par exemple :

1. Prévenir l'enfant.
2. Exécuter les étapes du déroulement du soin en sollicitant l'enfant.
3. Installer l'enfant en sécurité : sur le transat, au lit…

Rôle de l'adulte

→ donne les consignes, les précautions à prendre

→ aide et stimule

→ valorise le travail fait

→ informe de la fin de l'activité

Rangement et nettoyage

1. Ranger le lieu : ranger les produits sortis, le matelas, le thermomètre…
2. Nettoyer et désinfecter : le matériel et le plan de travail.
3. Se laver les mains.

Rôle de l'adulte

→ fait participer l'enfant au rangement selon l'âge

→ ne pas mettre en contact le « propre » et le « sale »

Transmission

Préciser :
- les tâches effectuées ;
- le déroulement (coopération de l'enfant ou non)
- la date et l'heure ;
- les observations éventuelles (rougeurs, érythème, fièvre…).

→ **Rôle de l'adulte**
transmet ses observations, les difficultés des enfants…

Évaluation de l'activité

Les règles de sécurité ont-elles été respectées ? L'enfant a-t-il respecté les consignes ? Ses difficultés ont-elles été surmontées ? Le vocabulaire était-il adapté ? Les objectifs sont-ils atteints ?

→ **Rôle de l'adulte**
propose des réajustements en fonction des difficultés rencontrées et des résultats de l'évaluation de l'activité.

Détailler chaque critères d'évaluation : l'organisation et l'ergonomie ; l'hygiène ; le confort ; la sécurité ; l'économie, la communication, la qualité du résultat.

Exemple d'informations à donner sur la fiche d'activité **relative à l'accompagnement de l'enfant dans ses découvertes et ses apprentissages** :

Nom du lieu d'exercice : *c'est-à-dire nom de la structure, du service, du domicile privé…*
Situation géographique : *c'est-à-dire son lieu d'implantation*
Historique : *indiquer la date et les circonstances de sa création, de son évolution…*
Forme juridique : *indiquer la personne physique (ou morale) de droit public (ou privé)*
Agrément : *indiquer la date et le type d'agrément (PMI et /ou autre)*
Financement : *provient-il des parents, de la CAF, des collectivités territoriales et/ou aides de l'État…*
Fonctionnement :
- indiquer la fonction de la structure (ou du domicile) ;
- indiquer les horaires de fonctionnement ;
- décrire le déroulement d'une journée type (peut-être illustré par un schéma).

Caractéristiques des usagers :
– nombre d'enfants et tranches d'âges : ....
– répartition des enfants dans la structure (ou au domicile) : ....
– conditions à remplir pour l'intégrer : ....
– documents à fournir ....

Caractéristiques du personnel :
– nombre : ....
– qualification : ....
– rôle et tâches : ....
– horaires de travail : ....

Titre de l'activité : **par ex. « empreintes des mains », « jeux d'encastrements », « pâte à modeler »…**

Type d'activité :
– *activité d'intérieur (ou d'extérieur) ?*
– *individuelle (ou de groupe) ?*
– *accompagnée ou non ?*
– *calme ou physique ?*
– *éducative ou de loisirs ?*

Lieu : *indiquer si elle se déroule dans le coin calme, avec des coussins, dans une pièce spacieuse, une structure de loisirs, la cuisine…*

Moment de la journée : *s'agit-il du matin, midi, après le repas, après sieste, au goûter, après le goûter, le soir…?*

Durée : *indiquer le temps estimé du soin*

Objectifs de l'activité (exemples) :
– réaliser une production ;
– développer la préhension fine ;
– favoriser la créativité ;
– stimuler la mémoire, l'imaginaire ;
– favoriser le travail en groupe, le partage du matériel ;
– respecter les règles du jeu ;
– développer l'autonomie ;
– favoriser la communication ;
– apporter du vocabulaire ;
– favoriser la motricité et la coordination motrice ;
– favoriser l'équilibre ;
– favoriser l'organisation spatiale et temporelle.

Caractéristiques de l'enfant :
– Son prénom et son âge : ....
– Ses particularités : ....
– Les besoins de l'enfant à cet âge : ....
– Ses capacités motrices, intellectuelles… : ....

MATÉRIELS ET PRODUITS : *exemples*

- table
- nappe
- tablier
- point d'eau
- torchons
- feuilles blanches
- assiette
- peinture
- gommettes
- modèle de motif à reproduire
- coussins
- livre
- jeu de formes à encastrer
- tapis
- musiques
- -…

Installation du lieu

Préciser si un agencement particulier est nécessaire en fonction de l'activité et de l'âge des enfants (installation debout pour faciliter le mélange dans le saladier, assis…).

Remarque

Veiller à ce que le matériel et l'équipement soient adaptés à la taille des enfants et assurent leur sécurité.
Pour faciliter la compréhension des enfants, représenter le nombre de verres et les dessins des ingrédients ; les gestes à effectuer…

Préparation de l'activité

1 Préparation des ingrédients, ustensiles.
2 Installation des produits accessibles et à disposition ou non des enfants (au milieu de la table par exemple).
3 Préparation d'une affiche indiquant les étapes
4 …

Déroulement de l'activité

Préciser les différentes étapes, par exemple :

1 **Installation de l'enfant** : mettre un tablier si nécessaire.
2 **Présentation de l'activité** et d'un modèle et réponse aux questions.
3 **Réalisation** : l'enfant réalise l'activité ; l'adulte anime et surveille l'activité.
4 **Bilan de satisfaction** avec les enfants.

Rôle de l'adulte

→ communique avec l'enfant tout au long de l'activité
→ donne les consignes, les précautions à prendre
→ aide et stimule
→ valorise le travail fait

Fin de l'activité

1 **Remise en état des lieux** : Rangement du matériel et des produits, nettoyage des tables et des outils.
2 **Lavage des mains de l'enfant**.
3 **Transmission orale** ou écrite.

Rôle de l'adulte

→ fait participer l'enfant au rangement selon l'âge
→ transmet ses observations, les difficultés des enfants

Évaluation de l'activilité

Les règles de sécurité ont-elles été respectées ? L'enfant et/ou le groupe a-t-il respecté les consignes ? L'enfant a-t-il suivi l'activité jusqu'à sa fin ? *Ses difficultés ont-elles été surmontées ? Le vocabulaire était-il adapté ? Les objectifs sont-ils atteints ?*

Rôle de l'adulte

→ propose des réajustements en fonction des difficultés rencontrées et des résultats de l'évaluation de l'activité.

3 Quelques conseils pour la présentation orale des fiches

Votre exposé doit suivre **un plan** (introduction, présentation des deux fiches, conclusion). Il vaut mieux éviter les longues phrases et les longs paragraphes.
Votre exposé peut se faire en détaillant à l'oral certains éléments de votre fiche.

L'introduction

Cette introduction vous permet **de vous présenter**, de **présenter votre parcours professionnel, vos projets professionnels** (donc vos motivations) suite à l'obtention du CAP Accompagnant éducatif petite enfance.
Vous présenterez aussi les lieux de stage ou d'exercice dont il est question dans la fiche. Cette présentation précisera votre statut (si vous êtes salarié ou stagiaire) et les objectifs de votre formation.

Comme vous devez présenter les deux fiches à l'oral, il est préférable de répartir votre temps de façon équitable entre les deux présentations (environ 2 minutes chacune).

La présentation du contexte d'exercice de la fiche n° 1 réalisation d'un soin du quotidien

Vous présenterez : son nom, son historique, sa situation géographique, son statut juridique, son agrément, son financement, son fonctionnement, ses usagers et son personnel.

Une présentation personnelle

Vous pouvez dans cette partie développer votre rôle et les tâches que vous avez effectuées ou que vous effectuez si vous êtes salarié de la structure. Vous pouvez insister sur votre participation dans le travail d'équipe, la manière dont vous vous êtes intégré(e) si vous êtes stagiaire ; vous pouvez indiquer vos initiatives personnelles, votre implication et la place que les professionnels ont pu vous faire dans les projets…

Une description de l'activité n°1 : réalisation d'un soin du quotidien

Vous devez présenter cette première activité en lui donnant un titre.
Exemple : « Aide à la toilette de Théo »

La présentation du contexte d'exercice de la fiche n° 2 : accompagnement de l'enfant dans ses découvertes et ses apprentissages

Vous présenterez : son nom, son historique, sa situation géographique, son statut juridique, son agrément, son financement, son fonctionnement, ses usagers et son personnel.

Remarque

si le contexte est le même que le contexte 1 il n'est alors pas utile de le répéter.

Si le contexte est différent du premier contexte vous pouvez développer votre rôle et les tâches que vous avez effectuées dans ce deuxième contexte. Vous pouvez insister sur la manière dont vous vous êtes intégrée ; vous pouvez indiquer vos initiatives personnelles, votre implication et la place que les professionnels ont pu vous faire dans les projets…

Une description de l'activité n°2 : accompagnement de l'enfant dans ses découvertes et ses apprentissages

Vous devez présenter votre deuxième

activité en lui donnant un titre.
Exemple : « Lecture du conte…»

4 Quelques conseils pour l'entretien oral

Cet entretien permet au jury de vous questionner sur :

- l'univers professionnel dans lequel vous exercez ou dans lequel vous avez été stagiaire ;
- votre intérêt et vos motivations pour le domaine de la petite enfance ;
- ce qui concerne votre avenir professionnel.

Lors de l'entretien :

– utilisez un langage simple et précis ;
– parlez clairement : ni trop vite ni trop lentement ;
– adoptez une attitude professionnelle : il est question de votre expérience personnelle de stagiaire ou de salarié, vous pourrez donc mettre en avant ce que vous savez, ce que vous avez acquis avec les enfants, les parents et les professionnels ;
– montrez vos capacités d'analyse des besoins des enfants et vos capacités d'adaptation pour y répondre ;
– soyez attentif aux questions du jury, essayez d'y répondre en vous appuyant sur votre expérience ;
– justifiez le choix des situations que vous avez présenté dans votre dossier.

Épreuve EP1

Accompagner le développement du jeune enfant
Connaissances théoriques

ENTRAÎNEMENT 1

Intitulé de la situation

Vous êtes assistant(e) maternel(le) à la crèche familiale de votre commune. Vous habitez un pavillon avec un jardin clos proche de la ludothèque, de la bibliothèque et du service de la petite enfance de la commune.

Vous accueillez 3 enfants, Léo 12 mois, Benjamin 2 ans, Sophie 3 ans, du lundi au vendredi.

La maman de Léo dépose son fils à 7 h 30 et le reprend à 17 heures après son travail. Le matin, en le déposant, elle vous signale que Léo n'a pas voulu prendre son petit-déjeuner et que ses selles du matin sont liquides.

Sophie arrive le matin à 8 h 30 accompagnée par son papa qui la récupère le soir à 18 heures. Benjamin est déposé par sa maman à 8 heures, qui vient le chercher le soir à 18 heures.

Aujourd'hui jeudi, vous allez réaliser une activité de « décopatch » (déchirer et coller des morceaux de papier) avec Sophie pendant que Benjamin et Léo font la sieste. Sophie va décorer un cœur en médium (bois) pour dimanche, jour de la fête des mères.

L'hygiène des mains est primordiale dans la préparation des repas.

1 Citez les deux flores présentes sur la peau.

– ....

– ....

2 Indiquez leur rôle.

....

....

3 Citez quatre voies de pénétration des micro-organismes.

– ....

– ....

– ....

– ....

4 Présentez l'activité « décopatch » que vous mettez en place avec Sophie, 3 ans, en complétant le tableau d'activité ci-dessous.

Thème : cadeau fête des mères Réaliser : décorer un cœur en médium grâce à la technique du « décopatch »	
Pour qui ?	
Quand ?	
Matériel et produits utilisés pendant l'activité (4 minimum)	
Déroulement de l'activité en différentes étapes (4 minimum)	
Objectifs de l'activité (2 minimum)	
Durée de l'activité	
Votre rôle durant l'activité (2 minimum)	

Après le repas, vous couchez les enfants. Benjamin, 2 ans, ne veut pas dormir et fait une colère.

5 Indiquez le temps nécessaire de repos pour un enfant de 2 ans.

....

6 Énoncez deux conditions favorables à l'endormissement.

– ....

– ....

7 **Proposez deux moyens vous permettant de calmer Benjamin au moment du coucher.**

– ....

– ....

ENTRAÎNEMENT 2

Intitulé de la situation

Vous êtes assistant(e) maternel(le) indépendant(e). Vous avez obtenu, il y a quatre mois, un agrément pour l'accueil, à votre domicile, de trois enfants.

Vous habitez un appartement en rez-de-chaussée, à proximité d'un parc et d'un relais d'assistant(e)s maternel(le)s.

Vous disposez de deux chambres pour la sieste des enfants, d'une salle de bains, d'un salon-salle à manger, d'une cuisine et de toilettes.

Vous accueillez, du lundi au vendredi, Amélie, âgée de 1 an de 8h30 à 18 heures, Joël, 6 mois, et son frère Gabriel, âgé de 2 ans, de 7h30 à 17 heures.

Chaque jour, c'est le même rituel. Après le bisou du matin, vous écoutez la maman, le papa, raconter comment s'est déroulée la soirée, la nuit et le lever de l'enfant. Puis vient ensuite le moment de la séparation. Mais depuis une semaine, Amélie se met à pleurer systématiquement lorsque sa maman vous la confie.

Joël est grognon depuis la vieille. Sa maman vous annonce que sa gencive est bien rouge et que l'on commence à apercevoir sa première dent.

Ce matin, il fait beau et chaud. Vous allez au parc avec les enfants. Gabriel bouscule une petite fille dans le bac à sable. Il lui prend sa pelle et ne veut plus la lui rendre.

1 **Énoncez deux caractéristiques de la peau d'un enfant.**

– ....

– ....

2 **Citez deux moyens de prévention des agressions de la peau contre le rayonnement solaire.**

– ....

– ....

3 **Précisez le nom de la dent de Joël qui est en train d'apparaître.**

3.1 **La marquer d'une croix sur le schéma de la dentition temporaire.**

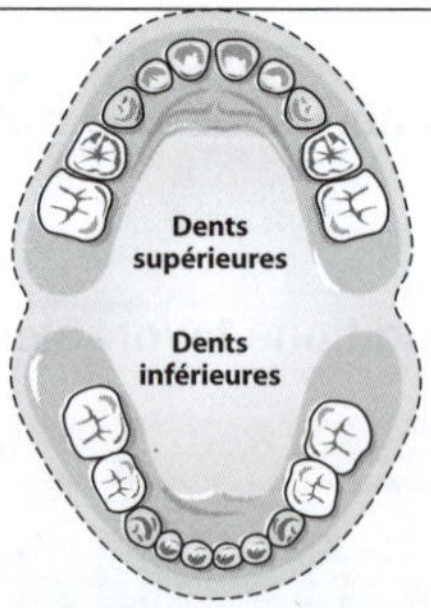

3.2 Précisez le nombre de dents dans la dentition temporaire.

....

3.3 Sur le schéma, fléchez les incisives, les canines et les molaires.

4 Donnez deux intérêts de l'activité « bac à sable » pour Gabriel.

– ....

– ....

5 Proposez un jouet adapté à l'âge d'Amélie pour le parc et justifiez votre choix.

....

6 Le corps humain est composé d'appareils et d'organes qui assurent des fonctions. Certaines de ces fonctions sont développées ou sollicitées dans le cadre des activités ludiques mises en place à votre domicile.

Complétez le schéma ci-dessous en nommant les deux appareils fléchés et en indiquant deux organes pour chacun d'eux.

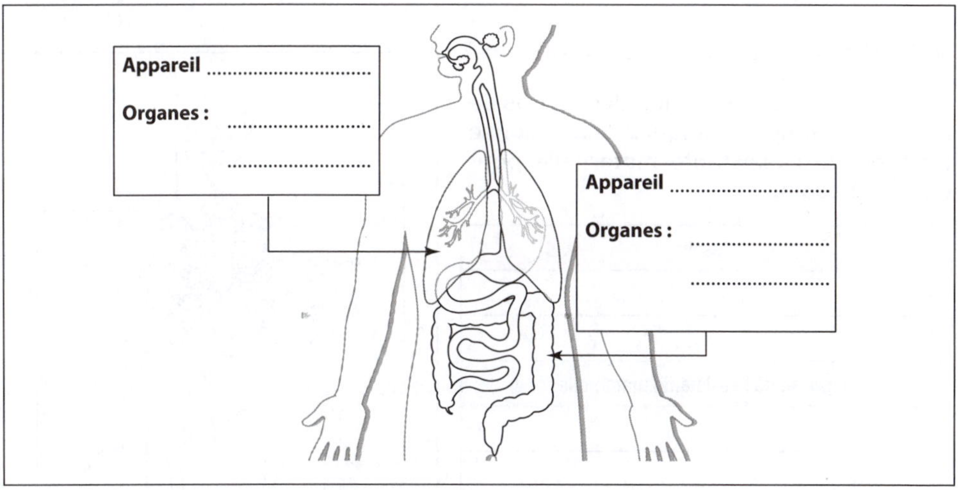

ENTRAÎNEMENT 3

Intitulé de la situation

Vous êtes assistant(e) maternel(le) indépendant(e) agréé(e) par le Conseil Départemental. Vous êtes propriétaire d'une maison à la campagne avec un jardin clôturé et vous accueillez à votre domicile deux enfants à la journée : Hugo, 8 mois et Valentine, 2 ans et demi.

Les parents d'Hugo sont mariés depuis deux ans. Son père le dépose à 7 h 30 et le reprend à 17 heures après son travail. Depuis quelque temps, il pleure au départ de son père et se console avec son doudou.

Ce matin, le papa d'Hugo vous signale qu'il n'a pas eu le temps de le changer et qu'il présente un début d'érythème fessier.

Valentine arrive le matin avec sa mère à 7 heures. Celle-ci la reprend le soir après 18 heures. Les parents de Valentine sont divorcés ; Valentine vit avec sa mère qui s'est remariée, son mari a un grand fils qui vit avec eux.

C'est une enfant qui pose beaucoup de questions. Sa maman s'inquiète, car Valentine n'est pas propre. Vous êtes vous-même maman d'un petit Théo, 4 ans, qui fréquente l'école maternelle située à 10 minutes à pied.

Il est 7 h 30, vous accueillez Hugo.

Partie 1 Les besoins de l'enfant

1 Repérez dans la situation deux types de besoins d'Hugo et indiquez une réponse adaptée de l'assistante maternelle pour chaque besoin.

Besoin
1 ....
2 ....
Réponse de l'assistante maternelle
1 ....
2 ....

2 Reportez, à l'aide du schéma, le nom des éléments du squelette dans le tableau ci-après, en utilisant les mots de la liste suivante : humérus, membre inférieur, côtes, crâne, tronc, tête, membre supérieur, fémur.

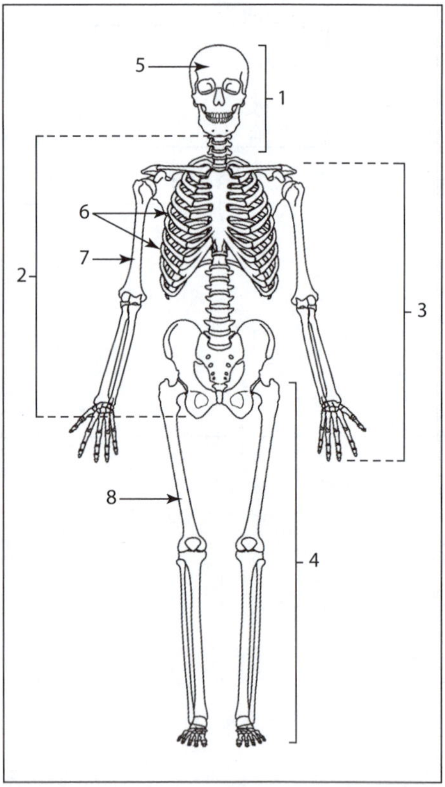

Numéros		Nom des éléments
Parties du squelette	1	....
	2	....
	3	....
	4	....
Os	5	....
	6	....
	7	....
	8	....

3 **Appariez les trois formes de familles du tableau ci-après et leur définition. Entourez la famille correspondant à celle d'Hugo et soulignez la famille correspondant à celle de Valentine.**

Paires : chiffre : ...... / lettre : ...... ; chiffre : ...... / lettre : ...... ; chiffre : ...... / lettre : ......

Les différentes formes de familles	Leurs caractéristiques
1. Famille traditionnelle ou nucléaire	**A.** À la suite d'un divorce ou d'une séparation, les ex-conjoints constituent un nouveau couple avec un autre partenaire et parfois ses enfants.
2. Famille monoparentale	**B.** Composée de deux parents et leurs enfants. Le couple peut être marié ou non.
3. Famille recomposée	**C.** Un seul des deux parents vit avec l'enfant.

4 **Énoncez quatre facteurs d'ambiance et de salubrité de la chambre d'un enfant au moment du sommeil.**

– .... – ....

– .... – ....

5 Valentine est allée au zoo avec son papa le week-end dernier. **Vous lui proposez une activité sur le thème des animaux : remplissez le tableau.**

Thème : les animaux Activité :	
Pour qui ?	....
Quand ?	....
Matériels utilisés et produits (4 minimum)	– .... – .... – .... – ....

Déroulement de l'activité : les différentes étapes (6 minimum)	– .... – .... – .... – .... – .... – ....
Objectifs de l'activité (au moins deux éléments de réponse)	– .... – ....
Durée de l'activité	....
Votre rôle durant l'activité (au moins 3 éléments de réponse)	– .... – .... – ....

L'acquisition de la propreté est une étape essentielle dans l'autonomie de Valentine.

6 Cochez l'âge moyen d'acquisition de la propreté.

– de jour : 6 mois ❑ 18 mois ❑ 24/28 mois ❑ 4 ans ❑

– de nuit : 10 mois ❑ 20 mois ❑ 3 ans ❑ 6 ans ❑

7 Présentez deux conditions nécessaires à l'acquisition de la propreté.

– ....

– ....

8 Énoncez deux attitudes positives envers l'enfant en phase d'acquisition de la propreté.

– ....

– ....

ENTRAÎNEMENT 4

Intitulé de la situation

Vous êtes assistant(e) maternel(le) et accueillez Marion, 8 mois, à raison de quatre jours par semaine, de 7 heures à 15 heures et Paul, 3 ans, de 11 h 30 à 13 h 30, pour le déjeuner et uniquement les jours d'école.

Vous organisez le repas de midi pour les deux enfants.

Il est 10 h 45, vous donnez le repas à Marion et la changez avant de partir à l'école chercher Paul. L'école se trouve à 10 minutes à pied de chez vous. Il fait froid, c'est l'hiver.

Caractéristiques des enfants

Marion

- **Santé** : Marion pèse 8,5 kg et mesure 68 cm.
- **Développement psychomoteur** : Marion pleure en voyant des visages inconnus.
- **Adaptation** : présente à votre domicile depuis l'âge de 4 mois, elle s'est très bien adaptée et apprécie les différents membres de votre famille.
- **Particularités** : elle réclame son doudou pour dormir.

Paul

- **Santé** : Paul pèse 14 kg et mesure 94 cm.
- **Développement psychomoteur** : Paul est un enfant réservé qui aime les activités calmes. Il a un excellent vocabulaire et forme des phrases complexes.
- **Particularités** : Paul présente une sensibilité aux acariens.

ANNEXE

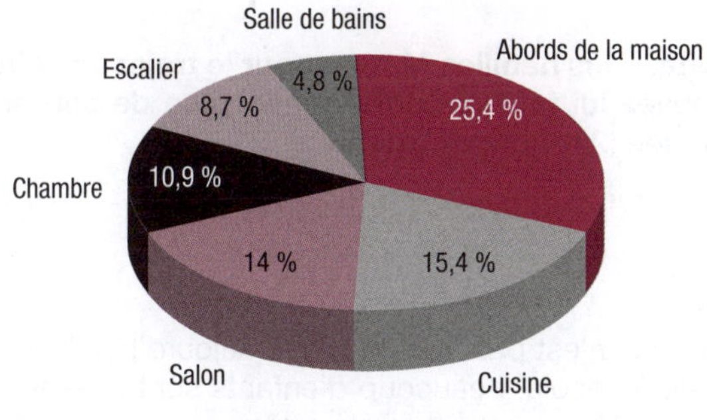

Accidents domestiques

Source : www.cramif.fr

1 À partir de la situation, complétez le tableau ci-après concernant l'enfant : Marion. Une réponse attendue par case.

	Soin d'hygiène proposé	Confort lié à ce soin	Sécurité liée à ce soin	Communication liée à ce soin
Besoin d'hygiène	....		....	....
	Activité proposée	Confort lié à cette activité	Sécurité liée à cette activité	Communication liée à cette activité
Besoin d'alimentation	....	....	....	

2 À la fin de l'activité, vous habillez Marion pour le trajet scolaire de Paul. Indiquez comment vous pouvez lui faire prendre conscience de son schéma corporel en donnant des exemples (2 réponses attendues).

– ....

– ....

Vous constatez que Paul n'est pas très en forme aujourd'hui. Il se plaint de la gorge et commence à tousser. À l'école, beaucoup d'enfants sont absents. La grippe sévit. De plus, vous remarquez qu'il se gratte souvent la tête.

3 Complétez le tableau ci-dessous en classant les vaccinations suivantes selon qu'elles sont obligatoires ou conseillées : vaccination antitétanique, vaccination antidiphtérique, ROR, vaccination antipoliomyélitique.

Vaccinations obligatoires	Vaccinations conseillées
–	– ....
–	– ....
–	– ....

4 Décrivez deux manifestations de l'hyperthermie.

– ....

– ....

Décrivez deux conduites à tenir en cas d'hyperthermie.

– ....

– ....

5 Vous regardez attentivement la tête de Paul et vous constatez la présence de petits parasites et de grains blancs accrochés aux cheveux.

Observez l'image ci-contre et complétez le tableau suivant.

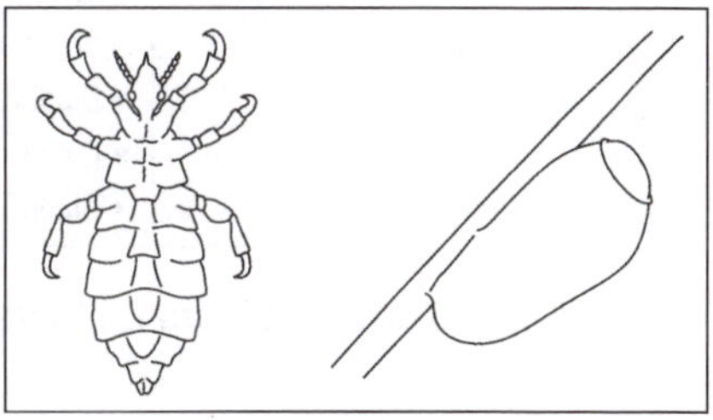

Nom de la parasitose	....
Nom du parasite	....
Localisation du parasite	....

6 Citez 3 mesures d'hygiène permettant d'éviter la propagation de cette parasitose.

– ....

– ....

– ....

7 Au moment de son accueil, les parents de Marion vous ont expliqué qu'ils avaient du mal à se séparer de leur enfant : « Nous l'avons tellement attendue et désirée », disent-ils. Marion est leur fille adoptive.

Donnez la définition de l'adoption.

....

8 **Complétez le schéma avec les mots suivants : bronches, bronchioles, alvéoles, lobules, trachée, artère, pharynx, larynx, plèvre.**

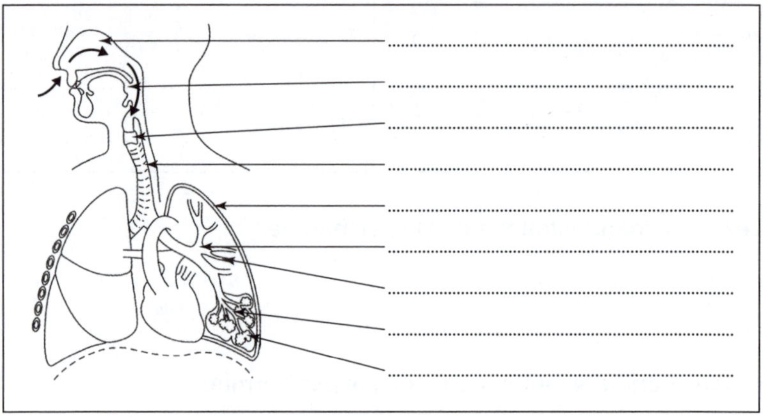

9 **Reliez par une flèche les éléments correspondant à l'inspiration ou à l'expiration.**

Inspiration Expiration	• Côtes abaissées et diminution du volume de la cage thoracique • Diaphragme relâché et remonté • Côtes soulevées et élargissement de la cage thoracique • Diaphragme contracté et abaissé

10 **Citez deux intérêts de la vaccination.**

– ....

– ....

11 **Indiquez, à l'aide du schéma p. 31 la pièce où le risque d'accident est le plus important.**

....

12 **Complétez le tableau suivant en citant trois dangers pouvant être présents dans cette pièce et en indiquant pour chacun d'eux un moyen de prévention.**

Pièce :	
Danger	**Moyen de prévention**
....	....
....	....
....	....

ENTRAÎNEMENT 5

Intitulé de la situation

Vous êtes assistant(e) maternel(le) et accueillez :

- Matthieu, 2 ans et demi, pour la journée le mercredi et de 11 h 30 à 19 heures les autres jours ;
- Zohra, 7 mois, régulièrement à votre domicile jusqu'à 16 h 30.

Vous organisez le repas de midi pour les deux enfants.
Nous sommes mercredi, la maman de Matthieu dépose l'enfant à 10 heures et viendra le rechercher à 19 heures. Elle vous demande de lui donner son bain.
Le papa de Zohra est arrivé tôt ce matin à 7 heures, il viendra vers 16 h 30 pour la reprendre.

Caractéristiques des enfants

Zohra

- **Santé :** elle pèse 7 kg et mesure 65 cm.
- **Développement psychomoteur :** elle tient assise dans sa chaise haute lors du repas.
- **Adaptation :** l'alimentation est diversifiée, elle s'est bien adaptée à son mode de garde.
- **Particularités :** elle jette souvent sa tétine et porte la girafe ou ses mains à la bouche.

Matthieu

- **Santé :** il pèse 13 kg et mesure 85 cm.
- **Développement psychomoteur :** il a acquis la propreté, il demande à aller sur le pot. Il court beaucoup lors des sorties et aime ramasser les objets qu'il trouve.
- **Adaptation :** il vient d'intégrer la maternelle, seulement pour les matinées.
- **Particularités :** c'est un enfant qui pose beaucoup de questions.

ANNEXE

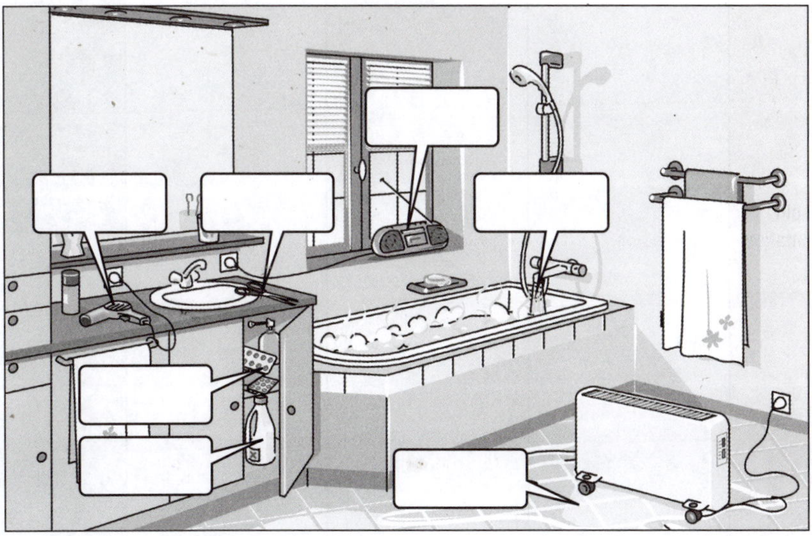

1 **À partir de la situation décrite, complétez le tableau ci-dessous concernant l'enfant : Zohra. Une réponse attendue par case.**

	Soin d'hygiène proposé	Confort lié à ce soin	Sécurité liée à ce soin	Communication liée à ce soin
Besoin d'hygiène	....		....	....
	Activité proposée	**Confort lié à cette activité**	**Sécurité liée à cette activité**	**Communication liée à cette activité**
Besoin d'alimentation	....	....	....	

2 Vous proposez une activité ludique pour Matthieu en milieu de matinée lorsque Zohra fait sa première sieste.

Indiquez l'activité proposée.

....

Précisez deux objectifs visés.

– ....

– ....

Indiquez deux tâches réalisées par Matthieu.

– ....

– ....

Indiquez deux tâches réalisées par l'assistante maternelle.

– ....

– ....

En début d'après-midi, Matthieu est fiévreux et grognon. Sa maman vous avait averti d'une épidémie de varicelle dans sa classe de maternelle.

3 Indiquez les quatre phases de l'évolution d'une maladie infectieuse.

– ....

– ....

– ....

– ....

4 Décrivez :

deux manifestations de la varicelle :

– ....

– ....

deux conduites à tenir :

– ....

– ....

deux moyens de prévention :

– ....

– ....

5 Matthieu est suivi par la PMI. Indiquez la signification de ce sigle et précisez la collectivité territoriale de rattachement de la PMI.

P : .... M : .... I : ....

Collectivité territoriale de rattachement : ....

6 Lors des consultations, le médecin de la PMI utilise le carnet de santé de Matthieu. Indiquez deux intérêts du carnet de santé.

– ....

– ....

La varicelle est une maladie infectieuse et contagieuse qui touche particulièrement le jeune enfant.

7 Énumérez quatre voies de pénétration des micro-organismes.

– ....

– ....

– ....

– ....

8 Indiquez sur le schéma ci-après les éléments suivants : glande sébacée, glande sudoripare, muscle horripilateur, hypoderme, derme, épiderme, capillaires sanguins, poil.

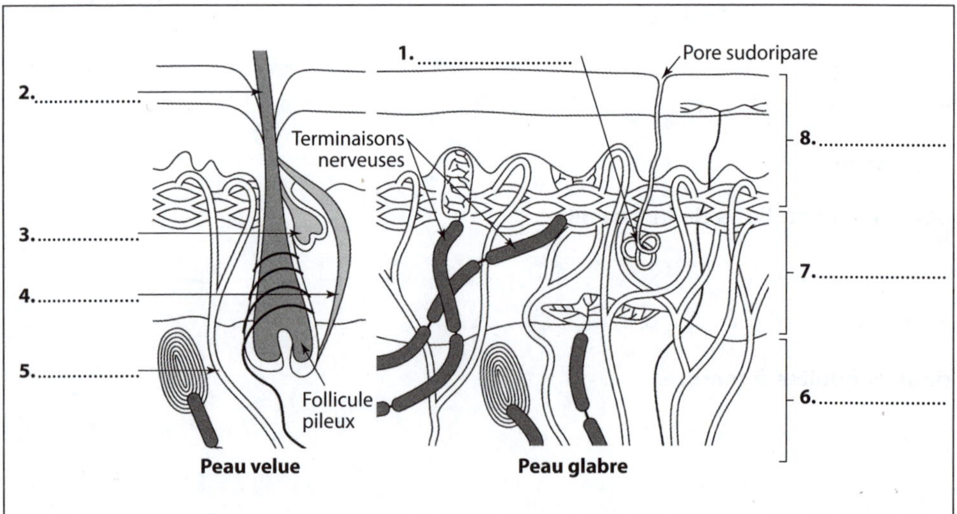

9 Citez deux fonctions de la peau.

– ....

– ....

Après le départ de Zohra, vous donnez le bain à Matthieu.

10 Identifiez quatre accidents possibles dans la salle de bains ; répondez avec l'aide de l'annexe p. 35.

– ....

– ....

– ....

– ....

11 Énoncez quatre mesures de prévention des accidents domestiques à mettre en œuvre dans la salle de bains avant de donner le bain à Matthieu.

– ....

– ....

– ....

– ....

ENTRAÎNEMENT 6

Intitulé de la situation

Vous travaillez dans une famille de trois enfants. La maman revient de la maternité avec Camille âgée de 2 semaines. Elle vous demande de vous occuper du change d'Emma, 16 mois, qui présente un érythème fessier. Noa, l'aîné, a 2 ans et demi. Il n'est pas encore propre, mais vous avez l'impression qu'il est demandeur ces derniers temps pour aller sur le pot.

1 Repérez dans la situation deux types de besoin d'Emma et indiquez une réponse adaptée de l'assistante maternelle pour chaque besoin.

Besoin	Réponse de l'assistante maternelle
....	....
....	....

2 Lors de la naissance de Camille, la petite sœur d'Emma, le médecin a vérifié la présence de ses réflexes archaïques.

2.1 Donnez une définition d'un nouveau-né.

....

2.2 Définissez un réflexe archaïque.

....

2.3 Citez quatre réflexes archaïques et décrivez-les.

Nom du réflexe	Description
....	....
....	....
....	....
....	....

2.4 Quel est l'intérêt de contrôler la présence de ces réflexes archaïques ?

....

3 Camille régurgite souvent. La sage-femme a expliqué à sa maman que cela est normal, la fonction digestive étant « immature » chez le nouveau-né.

Donnez deux raisons pour expliquer ce mauvais fonctionnement.

– ....

– ....

4 Le développement intellectuel de Camille va s'accompagner d'un développement somatique.

4.1 Citez quatre indicateurs de croissance servant de repères au développement somatique.

– ....

– ....

– ....

– ....

4.2 Comment doivent être les courbes de croissance dans le cas d'un développement somatique harmonieux ou « normal » ?

....

5 Noël approche et Noa vous pose beaucoup de questions autour de cette fête.
Proposez-lui une activité sur le thème de Noël.

Thème : Noël **Activité :**	
Pour qui ?	....
Quand ?	....
Matériels utilisés et produits (4 minimum)	– .... – .... – .... – ....
Déroulement de l'activité : les différentes étapes (6 minimum)	– .... – .... – .... – .... – .... – ....
Objectifs de l'activité (au moins deux éléments de réponse)	– .... – ....
Durée de l'activité	....
Votre rôle durant l'activité (au moins trois éléments de réponse)	– .... – .... – ....

6 Associez chaque type de préhension et de posture (représentées par une lettre) à l'âge d'acquisition correspondant (représenté par un nombre).

A	Préhension radio-palmaire et position assise
B	Maintien de la tête et préhension volontaire
C	Station debout
D	Se tient assis un moment
E	Hypotonie de la tête et hypertonie des membres
F	Tend la main vers les objets
G	Diminution de l'hypertonie des membres
H	Port libre de la tête
I	Station debout avec appui
J	Préhension radio-digitale

1	Naissance
2	2-3 semaines
3	3 mois
4	4-5 mois
5.	5 mois
6.	6 mois
7.	7-8 mois
8.	8-9 mois
9.	9-10 mois
10.	10-12 mois

7 Noa vient de quitter sa couche. Vous êtes surprise.

7.1 Citez les âges approximatifs de la propreté diurne et nocturne.

....

7.2 Citez deux facteurs possibles de régression.

– ....

– ....

7.3 Nommez deux troubles du contrôle des sphincters.

– ....

– ....

ENTRAÎNEMENT 7

Intitulé de la situation

Vous êtes assistant(e) maternel(le) indépendant(e) agréé(e) par le Conseil Départemental. Vous habitez une petite maison de banlieue.

Vous accueillez à votre domicile trois enfants à la journée de 8 heures à 18 heures. Julie, âgée de 2 ans, est une petite fille très éveillée.

1 Sur son carnet de santé, les indications ci-dessous apparaissent.

	Croissance de Julie	
Âge	Poids	Taille
Naissance	3,500 kg	54 cm
5 mois	7,500 kg	65 cm
8 mois	7,200 kg	69 cm
1 an	8,700 kg	73 cm
2 ans	13 kg	82 cm

1.1 Établissez les courbes de poids et de taille de Julie.

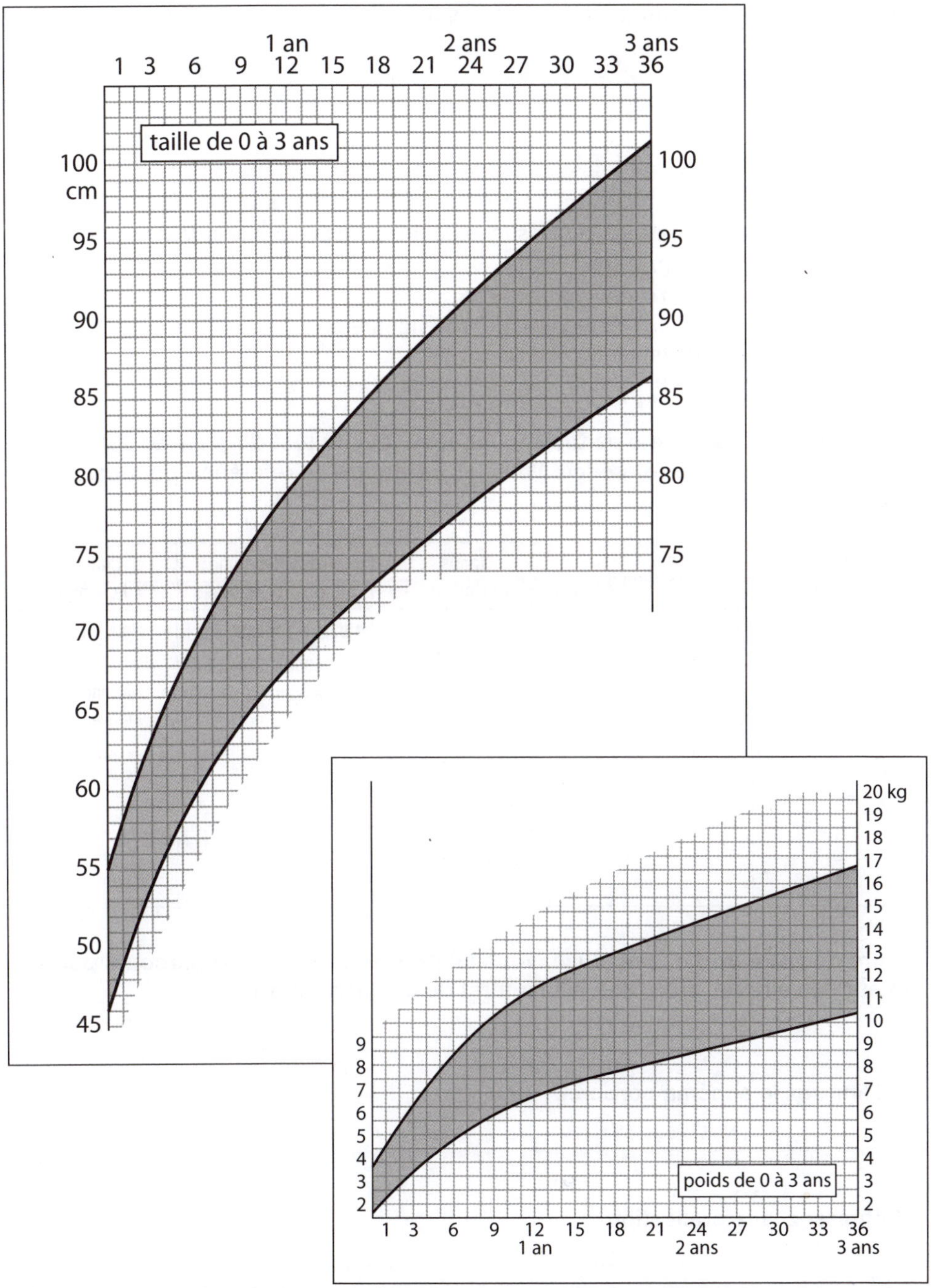

1.2 Que remarquez-vous ?

....

2 Dès que les premiers soins ont été donnés et que l'enfant se trouve dans une atmosphère suffisamment chaude, l'examen médical du nouveau-né peut commencer.

Quels sont les tests pratiqués dès la naissance ? (3 réponses attendues)

– ....

– ....

– ....

3 Le test d'Apgar est réalisé à la naissance de Julie. Voici les résultats de ce test :

– rythme cardiaque : 110/minute ;
– bon tonus en flexion et mouvements actifs ;
– rythme respiratoire : 54/minute (avec cri très vigoureux) ;
– réponse faible à une stimulation cutanée ;
– couleur rose de la peau.

3.1 Présentez sous forme de tableau les résultats du test d'Apgar de Julie en utilisant les cotations de référence. Voici les cotations de référence pour calculer le score d'Apgar.

Rythme cardiaque	Respiration	Tonus musculaire	Réactivité à une stimulation cutanée	Couleur de la peau
• nul = 0 • inférieur à 100 = 1 • supérieur à 100 = 2	• nulle = 0 • cri faible, hypoventilation = 1 • rythme voisin de 50, cri vigoureux = 2	• pas de mouvements et hypotonie = 0 • léger tonus en flexion des membres = 1 • bon tonus en flexion, mouvements actifs = 2	• pas de réponse = 0 • réponse faible = 1 • réponse vive = 2	• pâleur ou cyanose = 0 • extrémités seules cyanosées = 1 • rose en totalité = 2

4 Lors de votre sortie avec Julie, vous lui proposez de faire le parcours psychomoteur de l'aire de jeux. Quel est l'intérêt de ces parcours ?

....

5 Définissez le schéma corporel.

....

6 Définissez la latéralisation.

....

7 À partir de 2/3 ans, quelle est l'attitude de l'enfant quant à son comportement social ?

....

8 De 18 à 24 mois, on dit que l'enfant est égocentrique. Comment cela apparaît-il dans le jeu ?

....

....

ENTRAÎNEMENT 8

Intitulé de la situation

Vous êtes assistant(e) maternel(le) indépendant(e) agréé(e) par le Conseil Départemental. Vous habitez une petite maison à la campagne.

Vous accueillez à votre domicile deux enfants à la journée, de 8 heures à 18 heures : Camille, 30 mois, et Alexis, 6 mois.

L'évolution de la courbe de poids d'Alexis traduit avec d'autres paramètres le bon état de santé de l'enfant. Une croissance physique rapide est une caractéristique essentielle des premières années de la vie. D'autres mesures permettent de surveiller cette croissance.

1 Citez deux autres mesures permettant de surveiller la croissance.

– ....

– ....

2 Identifiez et définissez quatre conditions (liées au milieu de vie) favorables à la croissance de l'enfant.

– ....

– ....

– ....

– ....

À partir des situations suivantes :
– Situation 1 : Noa est sur un tapis de jeux automobile, il a mis au centre son parking, il gare ses voitures. Il en fait rouler une sur son circuit.
– Situation 2 : Lilou est avec sa maman, elle lui apporte son jeu d'encastrement des formes géométriques de base.
– Situation 3 : Milla est dans la classe, elle joue avec ses copines à la dînette. Elles discutent autour d'une petite table en prenant un café fictif.

3 Précisez l'âge des enfants.

Situation	Âge approximatif
Situation 1	....
Situation 2	....
Situation 3	....

4 Citez deux intérêts des coins jeux.

– ....

– ....

5 Indiquez l'âge moyen où l'enfant acquiert le contrôle :

– de la tenue de la tête : ....

– de la position assise sans appui : ....

– de la position debout : ....

– de la marche : ....

6 Définissez la préhension.

....

7 À quel âge les notions de temps et d'espace sont-elles complètement acquises ?

....

8 Pour chaque cas complétez le tableau ci-dessous à partir des deux situations.

Situation	Propreté acquise	Âge approximatif
Situation 1	....	....
Situation 2	....	....

– Situation 1 : Après le repas, Eva demande à sa maman le pot. Cela fait quelques jours qu'elle n'a plus de couche dans la journée.

– Situation 2 : Gabriel sourit. Sa maman lui fait de gros câlins et le félicite. Cela fait plusieurs matins qu'elle enlève sa couche qui est restée propre.

9 Nommez deux troubles du contrôle des sphincters.

– ....

– ....

ENTRAÎNEMENT 9

Intitulé de la situation

Vous gardez à votre domicile, Mattéo, 10 mois, et sa sœur Emma, 2 ans. Vendredi, vous avez remarqué une éruption de petits boutons sur la base du cou de Mattéo. Vous prévenez la maman à son arrivée. Lundi, Mattéo est sous antibiotiques et vous devez effectuer un lavage antiseptique des plaies et les protéger au moyen de pansements et de vêtements adaptés.

1 Repérez dans la situation deux types de besoins de Mattéo et indiquez une réponse adaptée de l'assistante maternelle pour chaque besoin.

Besoin	Réponse de l'assistante maternelle
....	....
....	....

2 Mattéo a quelques dents.

2.1 Indiquez le nombre de dents :

– dans une dentition de lait : ....

– dans une dentition permanente : ....

2.2 Quelles sont les dents nouvelles dans la dentition définitive par rapport à la dentition de lait (précisez leur nom et leur nombre) ?

....

3 Emma aime beaucoup faire la sieste. C'est une grosse dormeuse.

3.1 Décrivez succinctement les différentes phases du sommeil chez l'enfant de 2 ans.

....

3.2 Combien de temps dure l'ensemble de ces phases ?

....

3.3 Quels sont les besoins quotidiens de sommeil d'un enfant de 2 ans ?

....

3.4 Quels sont les signes de fatigue repérables chez le jeune enfant (quatre réponses au minimum) ?

– ....

– ....

– ....

– ....

3.5 Citez trois conditions favorables à l'endormissement et au bon fonctionnement du sommeil.

– ....

– ....

– ....

3.6 Quelles sont les conséquences d'un manque de sommeil chez l'enfant ? Deux réponses au moins.

– ....

– ....

4 Votre voisine a accouché, elle fait allusion au méconium. Donnez une définition du méconium.

....

5 Les vaccins

5.1 Quel est l'intérêt de la vaccination ?

………

5.2 Pourquoi est-il nécessaire de faire des rappels ?

………

5.3 Quelle différence faites-vous entre un vaccin et un sérum ?

………

6 Proposez deux types d'activités pour Mattéo.

– ……

– ……

7 À quelle tranche d'âge ces jouets correspondent-ils ?

 A. Porteur	 B. Aire de jeux	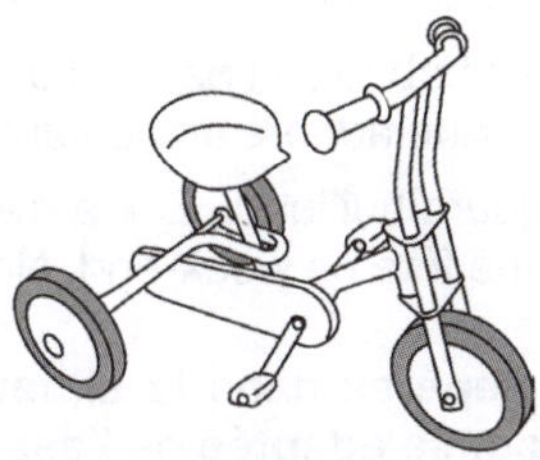 C. Tricycle

8 Indiquez l'intérêt de chacun de ces trois jouets pour le développement psychomoteur de l'enfant.

………

………

………

9 Quels sont les deux types de facteurs intervenant dans l'identité sexuelle ?

– ……

– ……

10 La maman d'Emma vous a informé(e) qu'elle se réveillait la nuit depuis quelques jours. Il semblerait qu'elle fasse des cauchemars.

10.1 Quelle est la différence entre cauchemar et terreur nocturne ?

....

10.2 Quelle attitude doit adopter l'adulte dans chacun des cas ?

....

ENTRAÎNEMENT 10

Intitulé de la situation

Vous êtes assistant(e) maternel(le) agréé(e) et vous accueillez du lundi au vendredi deux enfants : Zoé, 28 mois, et Nathan, 5 mois.

Vous habitez un pavillon de plain-pied en centre-ville. Votre jardin est clos et possède un portique adapté aux enfants de 2 à 6 ans.

Aujourd'hui lundi, Zoé arrive fatiguée et grognon. Sa mère vous précise qu'ils sont allés à une fête ce week-end. Nathan arrive chez vous souillé et il n'a pas pris son biberon.

1 Repérez dans la situation deux types de besoins de Nathan et indiquez une réponse adaptée de l'assistante maternelle pour chaque besoin.

Besoin	Réponse de l'assistante maternelle
....	....
....	....

2 Le cœur

2.1 Quelle est la mesure qui est prise quand le médecin prend le pouls ?

....

2.2 Quel est le rôle du cœur ?

....

2.3 Légendez le schéma.

1 - ....

2 - ....

3 - ....

4 - ....

5 - ....

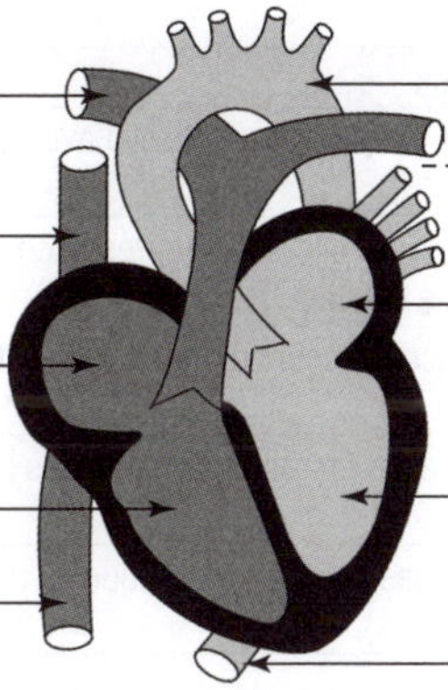

6 - ....

7 - ....

8 - ....

9 - ....

10 - ....

3 Indiquez une mesure à prendre en cas de projection dans les yeux d'un produit d'entretien.

....

....

4 À partir des situations suivantes, précisez l'âge des enfants.

Situation	Âge approximatif
Situation 1 : Nicolas est dans sa voiture, il tourne le volant dans un sens puis dans l'autre.	....
Situation 2 : Manon est dans sa chambre, elle prend sa poupée et la fait marcher.	....
Situation 3 : Laura entre dans la classe et se dirige vers le coin épicerie pour jouer à la marchande avec sa copine Julie.	....

5 Citez deux intérêts des coins jeux.

– ....

– ....

6 Citez les quatre étapes du développement de la locomotion.

– ....

– ....

– ....

– ....

7 À partir des situations suivantes, proposez un âge approximatif pour chacun des enfants, en complétant le tableau.

Situation	Âge
Situation 1 : Alexandre a dessiné un jeune garçon sur une feuille avec une tête, des membres et des vêtements.	....
Situation 2 : Emma explique à sa maman qu'elle s'est représentée sur son dessin ; c'est un rond avec deux yeux et une bouche.	....
Situation 3 : Julie prend un crayon et trace de courtes lignes horizontales ou inclinées sur une feuille.	....
Situation 4 : Gabriel a dessiné un homme avec un rond, des bras, des mains et des cheveux.	....
Situation 5 : Ryad a dessiné sur sa feuille des spirales, il explique à sa maman que c'est un poisson.	....

Retrouvez tous vos corrigés p. 69

Épreuve **EP1**

Accompagner le développement du jeune enfant

Connaissances pratiques

ENTRAÎNEMENT 1

Intitulé de la situation

Vous êtes assistant(e) maternel(le) agréé(e) à votre domicile. Vous accueillez deux enfants, Caroline âgée de 7 mois et Ludovic âgé de 2 ans, du lundi au vendredi sur une amplitude de 8 heures à 18 heures. Ils arrivent à 7 h 30.

Au cours du trajet, Caroline a régurgité une partie de son biberon du matin sur ses vêtements.

Au cours de la matinée, Ludovic glisse sur la petite voiture avec laquelle il joue et se blesse au genou.

À midi, Caroline a du mal à finir son biberon, elle est grognon et vous semble chaude.
Organisez vos actions en fonction de la situation et des activités cochées par le jury.
Vous réinstallerez l'enfant, selon le contexte et le matériel à disposition, après l'activité.

Consignes

Vous devez :

☒ Changer les vêtements de Caroline, à son arrivée.

☒ Agir face à la plaie du genou de Ludovic.

ENTRAÎNEMENT 2

Intitulé de la situation

Vous êtes assistant(e) maternel(le) agréé(e). Vous accueillez à votre domicile de 8 heures à 18 heures, du lundi au vendredi, trois enfants : Thibaut, 7 mois, Matéo, 26 mois et Louise, 4 ans, scolarisée en école maternelle. Vous l'accueillez le midi pour le déjeuner et le soir de 16 h 30 à 18 heures, après la classe.

Aujourd'hui, à 15 heures, Thibaut fait sa sieste et vous préparez, avec Matéo, un gâteau pour le goûter. Matéo s'est mis de la farine sur ses vêtements et, en voulant vous aider à démouler le gâteau, il se brûle le coude droit.

Soudain, vous entendez Thibaut qui se réveille en pleurant. En le prenant dans vos bras, vous constatez qu'il est enrhumé, que ses yeux sont brillants, que son nez coule et que sa couche est mouillée.

Sur le chemin du retour de l'école, Louise tombe devant la maison, elle s'écorche le genou droit et salit ses vêtements sur le sol boueux.
Vous réinstallerez l'enfant, selon le contexte et le matériel à disposition, après l'activité.

Consignes

Vous devez :

☒ Effectuer le lavage des mains et du visage de Matéo après l'activité pâtisserie.

☒ Agir devant la brûlure à la main de Matéo.

ENTRAÎNEMENT 3

Intitulé de la situation

Vous êtes assistant(e) maternel(le) rattaché(e) à la crèche familiale « Bambinos Village », divorcé(e), et vous avez deux enfants âgés respectivement de 10 ans et 12 ans. Vous accueillez à votre domicile trois enfants sur une amplitude horaire de 8 h 30 à 18 heures, du lundi au vendredi, Solène 2 ans et demi, Valentina 2 ans et son frère William âgé de 6 mois.

Vous habitez au 5e étage d'un immeuble avec ascenseur. Au pied de votre immeuble, il y a une aire aménagée pour les enfants. Elle est composée d'un petit parc avec un bac à sable et d'une aire de jeux comprenant un toboggan, une balançoire et une petite cabane.

En cette belle après-midi ensoleillée, vous emmenez les enfants au parc vers 15 heures. Solène fait des châteaux de sable et Valentina joue à la balançoire. Elle s'écorche le genou avec le siège de la balançoire. De retour à la maison, vous installez William dans son transat avec un hochet. Vous constatez que William a le front chaud et les joues rouges. Il semble fébrile.

Organisez votre travail en fonction de la situation et des actions cochées par le jury. Vous réinstallerez l'enfant, selon le contexte et le matériel à disposition, après l'activité.

Consignes

Vous devez :

☒ Réaliser le change de William avant la sortie au parc.

☒ Prendre la température axillaire de William et agir en conséquence.

ENTRAÎNEMENT 4

Intitulé de la situation

Vous êtes assistant(e) maternel(le) agréé(e) rattaché(e) à une crèche familiale de Pantin située à 600 mètres de votre domicile. Vous êtes marié(e) et vous avez deux enfants (6 ans et 9 ans).

Vous accueillez du lundi au vendredi, trois enfants :
- Samia, 2 ans (de 9 heures à 16 heures) ;
- Mathias, 5 mois (de 8 heures à 12 heures) ;
- Gabriel, 2 ans et demi (de 10 heures à 18 heures).

Vous habitez un pavillon avec une salle de jeux au rez-de-chaussée. À l'extérieur, vous disposez d'un jardin, d'un portique de jeux (deux balançoires et un toboggan). Nous sommes au printemps, il fait très beau ce matin. Mathias vient de se réveiller et vous décidez d'installer les enfants en activité dans le jardin. Samia joue sur le toboggan. Elle se met à saigner du nez. Peu après, Gabriel se met à plat ventre sur la balançoire. Déséquilibré, il s'érafle le coude. Surpris, il se met à pleurer très fort.

Organisez vos actions en fonction de la situation et des activités cochées par le jury. Vous réinstallerez le ou les enfants selon le contexte et le matériel à disposition, après l'activité.

Consignes

Vous devez :

☒ Effectuer le change de Mathias au lever de la sieste.

☒ Agir face au saignement de nez de Samia.

ENTRAÎNEMENT 5

Intitulé de la situation

Vous êtes assistant(e) maternel(le) agréé(e), rattaché(e) à une crèche familiale de votre ville. Vous êtes parent de deux enfants de 12 ans et 15 ans. Vous habitez en appartement, type F4, près de la médiathèque et du parc municipal.

Vous accueillez sur une amplitude horaire du lundi au vendredi, de 7 h 30 à 18 h 00, deux enfants (frère et sœur) :
- Théo, âgé de 4 mois ;
- Marine, âgée de 30 mois.

Il est 10 h 30 et vous réalisez un atelier « cuisine » avec Marine durant la sieste de Théo. Vous sortez le gâteau du four et Marine, impatiente, se brûle légèrement l'index gauche en touchant le moule pour vous aider. Vous entendez Théo pleurer dans sa chambre ; son pyjama et son body sont mouillés, il a les joues rouges.

Organisez vos actions en fonction de la situation et des activités cochées par le jury. Vous réinstallerez le ou les enfant(s) selon le contexte et le matériel à disposition, après l'activité.

Consignes

Vous devez :

☒ Changer les vêtements mouillés de Théo : pyjama et body.

☒ Effectuer la prise de température axillaire de Théo et agir en conséquence.

ENTRAÎNEMENT 6

Intitulé de la situation

Vous êtes assistant(e) maternel(le) agréé(e) à domicile et vous accueillez du lundi au vendredi deux enfants, Jessica, âgée de deux ans et demi et Yasmine, âgée de cinq mois, sur une amplitude horaire de 8h30 à 18h30. Jessica et Yasmine sont amenées par leurs parents.

Vous habitez dans une maison avec un jardin entièrement fermé. Une aire de jeu est aménagée pour les enfants, avec un bac à sable et une bassine faisant office de piscine.

Aujourd'hui, il fait très chaud. Après la sieste, vers 16 heures, vous proposez une activité extérieure, piscine et bac à sable, à Jessica. Vous prenez le « babyphone » avec vous, qui vous permet de surveiller le sommeil de Yasmine.

Jessica se met à saigner du nez. Elle pleure. Après les soins de Jessica, Yasmine se réveille en pleurs, elle est rouge, transpire beaucoup et sa couche est souillée.

Organisez vos actions en fonction de la situation et des activités cochées par le jury.

Vous réinstallerez l'enfant selon le contexte et le matériel à disposition, après l'activité.

Consignes

Vous devez :

☒ Effectuer l'habillage de Jessica adapté à l'activité extérieure.

☒ Prendre la température axillaire de Yasmine et agir en conséquence (le thermomètre affiche 38 °C).

ENTRAÎNEMENT 7

Intitulé de la situation

Vous êtes assistant(e) maternel(le) agréé(e) à votre domicile. Vous habitez un grand pavillon de plain-pied avec 6 pièces et un jardin, dans une zone pavillonnaire.

Marié(e), vous êtes parent de Cédric 11 ans (au collège) et Axelle 8 ans (scolarisée dans l'école élémentaire située à 500 mètres de votre domicile).

Vous avez en charge deux enfants (frère et sœur) :
– Marion, 14 mois,
– Maxime, 3 mois.

Vous les accueillez du lundi au vendredi, de 7h30 à 17 heures et ce depuis le 15 septembre.

À son arrivée, Maxime est fatigué, ses yeux sont brillants et larmoyants. Sa maman vous dit qu'il a mal dormi et qu'il a, depuis hier soir, des selles molles.

Marion a soif et renverse son jus d'orange sur ses vêtements. Vous constatez qu'elle a une égratignure sur l'oreille droite.

Organisez vos actions en fonction de la situation et des activités cochées par le jury. Vous réinstallerez l'enfant selon le contexte et le matériel à disposition, après l'activité.

Consignes

Vous devez :

☒ Réaliser le lavage des mains et du visage de Marion ainsi que le change des vêtements.

☒ Agir sur la plaie simple de l'oreille de Marion.

ENTRAÎNEMENT 8

Intitulé de la situation

Vous êtes assistant(e) maternel(le) agréé(e) et vous accueillez à votre domicile, de 8h30 à 18h30, du lundi au vendredi, trois enfants : Alexandre, âgé de 6 mois, Aurélien, âgé de 24 mois et Tristan, 28 mois, trois jours par semaine (lundi, mardi et jeudi).

Nous sommes lundi matin, il est 10 heures et Alexandre fait la sieste. Vous êtes prêt(e) à installer Tristan et Aurélien dans votre cuisine pour une activité peinture. Ils se chamaillent pour trouver leur place, Aurélien griffe Tristan sur l'oreille droite et renverse de la peinture sur ses vêtements.

Vous entendez Alexandre pleurer dans le « babyphone ». Vous vous rendez près de lui, vous constatez qu'il a les joues rouges et que ses vêtements sont souillés. En le prenant dans vos bras, il vous semble fébrile, vous le changez et remarquez une selle liquide.

Au cours du goûter, tandis qu'il mange un gâteau, Aurélien devient tout rouge et ne peut manifestement plus respirer.

Organisez vos actions en fonction de la situation et des activités cochées par le jury. Vous réinstallerez l'enfant selon le contexte et le matériel à disposition, après l'activité.

Consignes

Vous devez :

☒ Changer les vêtements de Tristan.

☒ Effectuer le soin de la griffure de Tristan.

ENTRAÎNEMENT 9

Intitulé de la situation

Vous êtes assistant(e) maternel(le) agréé(e) et vous accueillez, du lundi au vendredi, de 8h30 à 18h30, trois enfants : Mélodie, 1 an, Philippe, 1 an et demi et Marc, 2 ans et demi. Vous habitez dans un appartement en rez-de-chaussée, type F4, proche d'un parc.

Par une belle journée ensoleillée du mois d'avril, vous décidez de vous rendre au parc avec les trois enfants après leur sieste.

Sur le chemin du retour, Mélodie et Philippe sont dans la poussette double et vous tenez Marc par la main ; tout à coup, celui-ci tombe et se met à pleurer, il s'est écorché le genou droit.

Vous constatez que Philippe est grincheux et qu'il a les joues rouges.

Réalisez les actions cochées par le jury et organisez votre travail en fonction de la situation. Vous réinstallez le ou les enfant(s) selon le contexte et le matériel à disposition, après l'activité.

Consignes

Vous devez :

☒ Effectuer la toilette des mains et du visage de Marc.

☒ Agir face à la plaie de Marc.

ENTRAÎNEMENT 10

Intitulé de la situation

Vous êtes assistant(e) maternel(le) agréé(e) à votre domicile et vous accueillez tous les jours de la semaine, du lundi au vendredi, de 7h30 à 18h30, Sara, 10 mois et Antoine, 2 ans et demi.

Ce matin, la maman de Sara vous informe qu'elle n'a pas eu le temps de l'habiller. En réalisant ce soin, vous remarquez une griffure sur son avant-bras gauche.

Durant la matinée, vous préparez un gâteau pour le goûter avec Antoine. Lors de cette activité, il se brûle légèrement le coude droit.

Organisez vos actions en fonction de la situation et des activités cochées par le jury. Vous réinstallerez l'enfant selon le contexte et le matériel à disposition, après l'activité.

Consignes

Vous devez :

☒ Réaliser le change de Sara puis l'installer pour la sieste du matin.

☒ Agir en conséquence face à la brûlure d'Antoine.

ENTRAÎNEMENT 11

Intitulé de la situation

Vous êtes assistant(e) maternel(le) agréé(e) à domicile. Vous habitez un appartement de type F4. Votre domicile est situé dans un quartier où se trouvent une ludothèque et une bibliothèque. Vous êtes marié(e) et avez deux enfants âgés respectivement de 10 et 15 ans.

Vous accueillez du lundi au vendredi deux enfants, Julie, 2 ans et son frère Arthur, âgé de 4 mois, de 8 heures à 17 h 30. Chaque matin, vous organisez une activité avec Julie.

Il est 8 heures, vous accueillez Julie et Arthur. Arthur pleure et sa mère vous signale qu'il a passé une mauvaise nuit, qu'il a régurgité son biberon pendant le trajet. Le médecin est passé la vieille et a prescrit un antipyrétique (médicament contre la fièvre).

Vers 10 heures, vous proposez une activité peinture à Julie. Au cours de cette activité, Julie se met de la peinture sur le visage et sur les mains.

Au cours de la matinée, Julie se met à saigner du nez.

Au lever de la sieste, Arthur est grognon, chaud. Il a fait une selle liquide.

Organisez vos actions en fonction de la situation et des activités cochées par le jury. Vous réinstallerez l'enfant selon le contexte et le matériel à disposition, après l'activité.

Consignes

Vous devez :

☒ Changer les vêtements d'Arthur avant de le coucher.

☒ Administrer le médicament à Arthur selon la prescription du médecin (voir annexe ci-après) avant le repas de midi.

ANNEXE

Docteur TARTEMPION Alfred
Diplômé de la Faculté de Médecine de Paris
MÉDECINE GÉNÉRALE
89 2 14568 9
Grande rue
Lyon
Tél. : 09 85 52 56 25

Enfant Arthur V.
4 mois, 5 kg
Le 4 juin 2014

1) DOLIPRANE, buvable, en cas de fièvre, une dose 5 kg
Respecter un intervalle de 4 heures entre les prises.

ENTRAÎNEMENT 12

Intitulé de la situation

Vous êtes assistant(e) maternel(le) et vous dépendez de la crèche familiale de votre commune.

Vous accueillez à votre domicile, de 8 h 30 à 18 heures, du lundi au vendredi, deux enfants : Antoine, âgé de 6 mois et Léa, âgée de 2 ans et demi.

Vous accueillez également Anissa, 4 ans et demi, tous les jours, de la sortie de l'école jusqu'à l'arrivée de ses parents à 19 heures.

Cet après-midi, après le goûter des enfants, vous installez Anissa pour faire une activité collier de perles. Tout à coup, elle devient toute rouge et a du mal à respirer.

Au moment de changer Antoine, vous constatez qu'il présente des selles diarrhéiques et a les joues rouges.

Léa trébuche sur un jouet et tombe à terre.

Organisez vos actions en fonction de la situation et des activités cochées par le jury. Vous réinstallerez l'enfant selon le contexte et le matériel à disposition, après l'activité.

Consignes

Vous devez :

☒ Effectuer le change d'Antoine.

☒ Effectuer le soin de la plaie de Léa qui a trébuché et s'est cognée légèrement la tête, elle saigne au niveau du front.

ENTRAÎNEMENT 13

Intitulé de la situation

Vous êtes assistant(e) maternel(le) indépendant(e) et vous avez un agrément pour deux enfants. Vous êtes parent d'un enfant, Maxime, 6 ans, qui est en CP. Vous avez dû traiter Maxime suite à une épidémie de pédiculose à l'école.

Vous accueillez dans votre appartement, du lundi au vendredi, sur une amplitude de 8 heures à 18 heures : Alex, 4 mois et Amandine, 3 ans.

Après son arrivée, Alex vomit son biberon et souille ses vêtements. Il est 11 h 45, Amandine a terminé son activité peinture, elle va bientôt passer à table. Au moment du repas, elle se brûle le coude droit en le posant sur un plat chaud.

Tout au long de la journée, vous constatez qu'Amandine se gratte fréquemment la tête.

Organisez vos actions en fonction de la situation et des activités cochées par le jury. Vous réinstallerez l'enfant selon le contexte et le matériel à disposition, après l'activité.

Consignes

Vous devez :

☒ Effectuer le bain d'Alex.

☒ Agir devant la brûlure d'Amandine.

ENTRAÎNEMENT 14

Intitulé de la situation

Vous êtes assistant(e) maternel(le) agréé(e) au sein d'une crèche familiale de votre commune. Vous avez la charge de trois enfants. Votre appartement est situé en rez-de-jardin. Vous travaillez du lundi au vendredi, sur une amplitude horaire de 8 heures à 18 h 30.

Aujourd'hui, vous accueillez : Julie, 3 ans, Mike, 2 ans et Kimberley, 4 mois.

Pendant la sieste de Kimberley, Julie et Mike jouent dans le jardin ; Mike se met à pleurer, il s'est écorché le genou.

Kimberley est enrhumée et se réveille en pleurant de la sieste.

Il est 16 heures, vous installez Mike et Julie pour le goûter.

Pendant le goûter, Julie porte les mains à son cou et semble ne plus pouvoir respirer.

Organisez vos actions en fonction de la situation et des activités cochées par le jury. Vous réinstallerez l'enfant selon le contexte et le matériel à disposition, après l'activité.

Consignes

Vous devez :

☒ Aider Julie pour sa toilette du visage et des mains, en vue du goûter.

☒ Réagir face à l'étouffement de Julie.

ENTRAÎNEMENT 15

Intitulé de la situation

Vous êtes assistant(e) maternel(le) agréé(e) à domicile, à proximité d'un parc urbain.

Vous accueillez deux enfants : Mathieu, 8 mois, du lundi au vendredi, de 8 heures à 18 h 30 et Christelle, 4 ans, lundi, mardi, jeudi et vendredi après l'école et le mercredi toute la journée.

Nous sommes le 14 mai, vous préparez Mathieu au lever de la sieste pour aller chercher Christelle à 16 heures et vous rendre directement dans le parc.

En rentrant du parc, Christelle tombe, se fait mal au genou gauche, Mathieu est rouge et « grognon ».

Vous constatez que Christelle se gratte régulièrement le cuir chevelu.

Organisez vos actions en fonction de la situation et des activités cochées par le jury. Vous réinstallerez l'enfant selon le contexte et le matériel à disposition, après l'activité.

Consignes

Vous devez :

☒ Effectuer le change de Mathieu au retour du parc.

☒ Repérer les signes de pédiculose chez Christelle et transmettre les informations.

ENTRAÎNEMENT 16

Intitulé de la situation

Vous êtes assistant(e) maternel(le) indépendant(e). Vous accueillez trois enfants : Jules, 18 mois, Grégoire, 3 ans, scolarisé uniquement le matin et son petit frère, Étienne, 6 mois.

Vous avez la garde des enfants de 8 heures à 17 heures.

Au lever de la sieste, vers 15 h 30, la couche de Jules est souillée. Lors du change, vous constatez qu'il a les fesses rouges.

Vers 16 heures, après le goûter, Étienne est très encombré, son nez coule et il tousse beaucoup. Il vomit le peu qu'il a mangé sur ses vêtements. La veille, le médecin a prescrit du sérum physiologique et un médicament contre la fièvre, que les parents vous ont donnés.

Organisez vos actions en fonction de la situation et des activités cochées par le jury. Vous réinstallerez l'enfant selon le contexte et le matériel à disposition, après l'activité.

Consignes

Vous devez :

☒ Réaliser la toilette du visage d'Étienne.

☒ Prendre soin de la rougeur des fesses de Jules.

ANNEXE

Docteur TARTEMPION Alfred
Diplômé de la Faculté de Médecine de Paris
MÉDECINE GÉNÉRALE
89 2 14568 9
Grande rue
Ris Orangis
Tél. : 09 85 52 56 25

Enfant Étienne D.
Le 2 juin 2013

1) DOLIPRANE, buvable, toutes les 6 heures, une dose de 7 kg

2) Sérum physiologique XYZ dosettes
1 pulvérisation dans chaque narine 3 fois par jour pendant 5 jours

ENTRAÎNEMENT 17

Intitulé de la situation

Vous êtes assistant(e) maternel(le) rattaché(e) à une crèche familiale. Vous accueillez à votre domicile deux enfants, Camille, 2 ans et demi et Charline, 3 ans.

Cet après-midi, après la sieste, vous proposez une activité pâte à sel aux deux fillettes.

À la sortie du four des éléments réalisés par les enfants, Charline, pressée de prendre sa réalisation, se brûle légèrement le coude.

Organisez vos actions en fonction de la situation et des activités cochées par le jury. Vous réinstallerez l'enfant selon le contexte et le matériel à disposition, après l'activité.

Consignes

Vous devez :

☒ Aider Charline à la toilette des mains et du visage, avant le goûter.

☒ Agir face à la brûlure de Charline.

ENTRAÎNEMENT 18

Intitulé de la situation

Vous êtes assistant(e) maternel(le) rattaché(e) à la crèche familiale de votre commune. Vous accueillez sur une amplitude horaire de 8h30 à 18 heures, du lundi au vendredi, trois enfants : Amélie, 2 ans, son frère Gaspard, 5 mois et Hugo, 2,5 ans.

Vous habitez un pavillon avec une salle de jeux au rez-de-chaussée et un jardin que vous avez aménagé avec une aire de jeux (deux balançoires pour tout-petits et un bac à sable).

Aujourd'hui, 2 juin, il fait beau et vous menez, avec les deux « grands », une activité « château de sable » dans votre jardin, vers 15h30 après la sieste des trois enfants.

Hugo se précipite vers la balançoire, il tombe et s'érafle le genou ; il pleure beaucoup.

Tout à coup, Amélie saigne du nez.

Vers 16h30, Gaspard se réveille, il est grognon et vous semble chaud.

Organisez vos actions en fonction de la situation. Vous êtes dans le jardin, vous installez les enfants selon le contexte et le matériel à disposition.

Consignes

Vous devez :

☒ Effectuer la toilette du visage et des mains d'Hugo.

☒ Agir face au saignement de nez d'Amélie.

ENTRAÎNEMENT 19

Intitulé de la situation

Vous êtes assistant(e) maternel(le) agréé(e) à domicile. Vous travaillez sur une amplitude horaire de 8h30 à 18h30, du lundi au vendredi. Vous accueillez Jeanne, 11 mois.

Aujourd'hui, mercredi 6 juin, Jeanne est arrivée vers 9 heures et sa mère vous informe qu'elle présente un peu de fièvre depuis la nuit.

Vers 15 heures, après la sieste, vous constatez que Jeanne est grognon et que son front est chaud. Elle vomit.

En essayant de se mettre debout, elle tombe et se fait une écorchure au genou. À 16 heures, elle vomit et souille sa robe.

Organisez vos actions en fonction de la situation et des activités cochées par le jury. Vous réinstallerez l'enfant selon le contexte et le matériel à disposition, après l'activité.

Consignes

Vous devez :

☒ Changer les vêtements de Jeanne après les vomissements.

☒ Prendre la température de Jeanne (38,2 °C) et agir en conséquence.

ENTRAÎNEMENT 20

Intitulé de la situation

Vous êtes assistant(e) maternel(le) agréé(e) à domicile. Vous habitez un pavillon de plain-pied de type F5 avec un petit jardin. Votre domicile est situé dans un quartier où se trouvent une ludothèque et une bibliothèque. Vous êtes marié(e) et avez deux enfants âgés respectivement de 10 et 15 ans. Vous accueillez du lundi au vendredi deux enfants, Oscar, 2 ans et demi et sa sœur Alicia, âgée de 10 mois, de 8 heures à 17h30.

Chaque mardi, vous emmenez les enfants à la ludothèque du quartier.

Nous sommes le mardi 15 décembre. Il est 10 heures. Vous devez emmener Oscar et Alicia à la ludothèque du quartier. Il fait froid (5 °C) mais le temps est ensoleillé. Au moment de partir, vous constatez qu'Alicia a souillé sa couche.

Au retour de la ludothèque, Oscar tombe et s'égratigne le genou droit. La plaie saigne légèrement. Il pleure et se souille le visage avec ses mains sales. Il a sali son pantalon.

Après le déjeuner, Alicia montre des signes de fatigue.

Organisez vos actions en fonction de la situation et des activités cochées par le jury. Vous réinstallerez l'enfant selon le contexte et le matériel à disposition, après l'activité.

Consignes

Vous devez :

☒ Changer Alicia et l'habiller pour la sortie à la ludothèque.

☒ Après la sieste, vous installez Alicia sur le tapis d'éveil et allez chercher son biberon chaud dans la cuisine. À votre retour, vous constatez qu'elle devient bleue et n'émet aucun son. Le nez de sa peluche manque. Agir face à la détresse respiratoire d'Alicia.

Retrouvez tous vos corrigés p. 88

Épreuve **EP1**

Accompagner le développement du jeune enfant

Connaissances techniques

8 QUESTIONS

1 Citez et justifiez deux conditions de rangement des produits d'entretien

Rangement	Justification
–	– ....
–	– ....

2 Reliez les transformations physico-chimiques avec les nutriments.

Protéine	☐	☐	Dextrinisation de l'amidon
Glucide	☐	☐	Fusion
Lipide	☐	☐	Coagulation

3 Enoncez deux règles d'une bonne hygiène bucco-dentaire chez l'enfant.

– ....

– ....

4 Citez cinq précautions à prendre lors de l'utilisation et du stockage des produits d'entretien.

– ....

– ....

– ....

– ....

– ....

5 Citez les règles de sécurité à observer lors de l'utilisation des produits d'entretien, vis-à-vis des enfants et de l'opérateur (quatre réponses attendues).

– ....

– ....

– ....

– ....

6 Replacez les six organes ci-dessous sur le schéma de l'appareil digestif.

Anus, estomac, bouche, œsophage, gros intestin (colon), intestin grêle

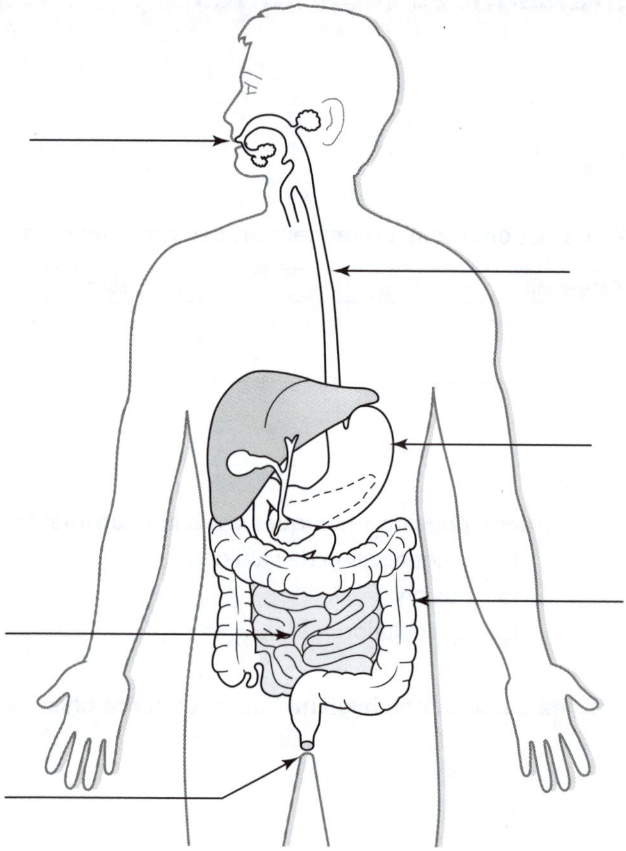

7 Indiquez le lieu et la durée de stockage du lait UHT.

– Emballage fermé :

– Emballage ouvert :

8 Justifiez deux précautions à prendre lors du stockage de la préparation.

– ....

– ....

Retrouvez tous vos corrigés p. 134

Corrigés des entraînements EP1 – Connaissances théoriques

ENTRAÎNEMENT 1

1 Les flores présentes sur la peau sont :
- la flore résidente ;
- la flore transitoire.

2 Les rôles de la flore présente sur la peau sont : la protection de la peau, la participation à l'immunité, la protection contre les micro-organismes pathogènes.

3 Les voies de pénétration des micro-organismes sont :
- les voies aériennes (respiratoires) ;
- les voies digestives (et voie orale) ;
- les voies génitales ;
- les voies sanguines ;
- les voies cutanées.

4

Thème : cadeau fête des mères Réaliser : décorer un cœur en médium grâce à la technique du « décopatch »	
Pour qui ?	Sophie
Quand ?	En début d'après-midi pendant la sieste de Léo et de Benjamin
Matériel et produits utilisés pendant l'activité	– Protection pour la table – Tablier de protection pour Sophie – Pinceau – Colle spéciale « décopatch » – Gobelet d'eau – Cœur en médium (bois) – Feuilles de papier de couleur avec des motifs différents
Déroulement de l'activité en différentes étapes	– Préparer la table et le matériel – Installer Sophie sur une chaise avec un rehausseur – Proposer à Sophie de choisir des feuilles et de déchirer des petits bouts – Accompagner Sophie tout au long de l'activité et lui montrer comment elle peut déchirer des petits morceaux de papier et les coller sur le cœur – Expliquer à Sophie que l'objet confectionné devra sécher et qu'elle pourra l'emporter le lendemain pour l'offrir à sa maman le dimanche, jour de la fête des mères – Mettre le cœur à sécher – Ranger le matériel en faisant participer Sophie – Retirer le tablier de Sophie et l'aider à se laver les mains
Objectifs de l'activité	– Développer la dextérité – Développer la créativité – Développer la coordination œil-main – Développer l'apprentissage des couleurs

Durée de l'activité	20 à 25 minutes
Votre rôle durant l'activité	– Veiller à l'hygiène de Sophie – Veiller à la sécurité de Sophie – Énoncer des consignes claires et adaptées à l'âge de Sophie – Encourager Sophie – Favoriser l'autonomie motrice de Sophie : montrer, aider sans faire à sa place – Enrichir son vocabulaire : nommer les objets et matériels utilisés, les couleurs

5 Le temps nécessaire de repos pour un enfant de 2 ans est compris entre 13 heures et 14 heures par 24 heures ; le temps de sieste varie entre 1 h 20 et 2 heures selon les enfants.

6 Les conditions favorables à l'endormissement sont les suivantes : absence de bruit, pénombre, température entre 18 °C et 19 °C (ni trop chaud, ni trop froid, ni trop humide…), état satisfaisant de la literie, matelas confortable, présence de l'objet transitionnel et/ou de la sucette, change propre, temps calme avant la sieste…

7 Les moyens vous permettant de calmer Benjamin au moment du coucher sont les suivants : le consoler, le prendre dans les bras, lui chanter une chanson, lui lire une histoire, lui donner un petit jouet qu'il aime…

ENTRAÎNEMENT 2

1 Les caractéristiques de la peau d'un enfant sont les suivantes :
- la sécrétion des glandes sudoripares est très faible ;
- déficit en mélanine ;
- peau fine ;
- couche cornée fine ;
- …

2 Les moyens de prévention des agressions de la peau contre le rayonnement solaire sont les suivants :
- mettre un chapeau à l'enfant ou équiper la poussette d'un parasol ;
- mettre de la crème solaire à l'enfant ;
- habiller l'enfant en fonction du temps.

3 La dent de Joël qui est en train d'apparaître est l'incisive (centrale) inférieure.

3.1 Voir le schéma de la question 3.3.

3.2 Nombre de dents dans la dentition temporaire : 20.

3.3

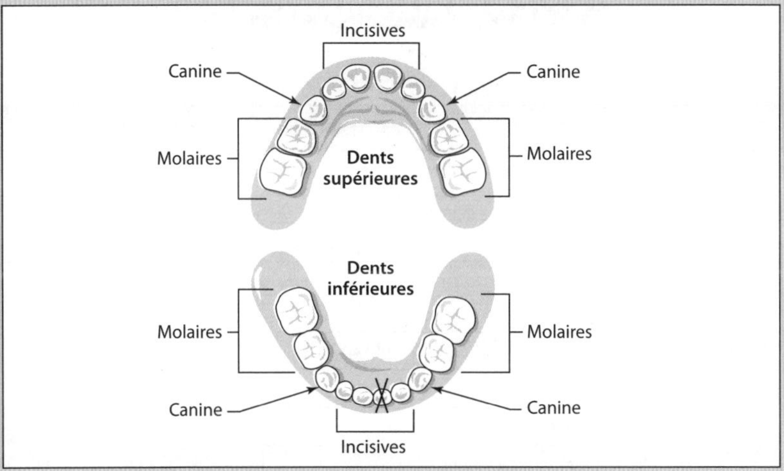

4 L'âge moyen du début de la diversification alimentaire est 6 mois.

5 L'activité « bac à sable » pour Gabriel développe le toucher, la préhension manuelle, les notions de mathématiques (vide, transvase, notion de poids, de volume...), la créativité (création de formes différentes...).

6 Les jouets adaptés à l'âge d'Amélie sont le ballon en tissu, le trotteur, les cerceaux... ou tout jouet adapté au parc (sable, eau...).
L'enfant de 8 mois maîtrise la préhension en pince inférieure et le relâchement volontaire. Il aime jouer à jeter les objets que vous ramassez ou il aime attraper, tirer, arracher, palper, porter à sa bouche...

7

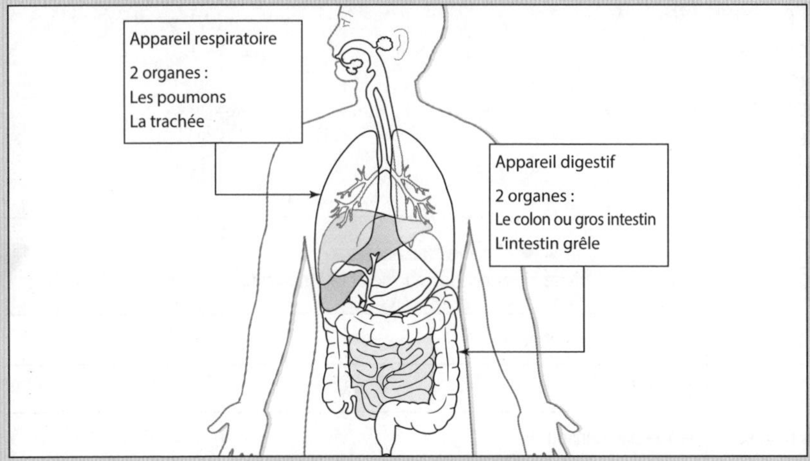

ENTRAÎNEMENT 3

1

Besoins	Réponses de l'assistante maternelle
1. D'hygiène	Effectuer le change
2. De sécurité	– Effectuer le soin de l'érythème – Rassurer l'enfant au départ du papa (et donner le doudou)

2

Numéro		Nom des éléments
Parties du squelette	1	Tête
	2	Tronc
	3	Membre supérieur
	4	Membre inférieur
Os	5	Crâne
	6	Côtes
	7	Humérus
	8	Fémur

3 Voici les paires qu'il fallait reconstituer : 1B, 2C, 3A.

La famille d'Hugo est la famille traditionnelle ; celle de Valentine est la famille recomposée.

4 Les facteurs d'ambiance et de salubrité de la chambre d'un enfant au moment du sommeil peuvent être :

– la pénombre ;
– le silence ;
– la température (19-20 °C) ;
– une pièce aérée.

5

Thème : les animaux **Activité** : les animaux du zoo et leur nourriture	
Pour qui ?	Valentine, 2 ans et demi.
Quand ?	Le matin.
Matériels utilisés et produits	– 1 feuille Canson ; – des gommettes d'animaux ou des tampons d'animaux ; – des crayons gras ; – des ciseaux ; – un magazine avec des publicités alimentaires ; – de la colle.

Déroulement de l'activité : les différentes étapes	– Dessiner sur une feuille un zoo avec 5 espaces différents (enclos) ; dessin fait par l'adulte. – Valentine colorie au crayon gras les 5 espaces. – Demander à Valentine quels animaux elle a vu. – Valentine choisit de mettre 5 animaux différents dans chaque enclos à l'aide des gommettes ou des tampons. – Demander à Valentine quelle est la nourriture des 5 animaux représentés sur la feuille. – Pour chaque animal, découper des aliments sur le magazine de publicité et les faire coller par Valentine.
Objectifs de l'activité	– Repérer les noms des animaux d'un zoo et leur alimentation. – Développer le langage. – Développer la dextérité. – Développer la mémoire.
Durée de l'activité	30 minutes.
Votre rôle durant l'activité	– Stimuler, questionner Valentine. – L'accompagner pour la pose des gommettes ou pour l'application des tampons. – Apporter des connaissances sur la vie des animaux représentés.

6 L'âge moyen d'acquisition de la propreté est :

– de jour : 24/28 mois ;
– de nuit : 3 ans.

7 Les conditions nécessaires à l'acquisition de la propreté sont :

– **la maturation physiologique** (maîtrise des sphincters) ;
– **la maturation intellectuelle** (communication possible) ;
– **la maturation affective** (désir de l'enfant).

8 Les attitudes positives envers l'enfant en phase d'acquisition de la propreté sont :

– **respecter le rythme** de l'enfant ;
– **valoriser la propreté** ;
– **féliciter l'enfant** ;
– **dédramatiser** les « petits accidents » ;
– **aider l'enfant** à ôter sa couche ;
– demander à l'enfant de **collaborer**…

ENTRAÎNEMENT 4

1 *En italique, les autres réponses possibles.*

	Soin d'hygiène proposé	Confort lié à ce soin	Sécurité liée à ce soin	Communication liée à ce soin
Besoin d'hygiène	– Le change. *– La toilette du visage.* *– La toilette des mains.*		– Maintenir Marion sur la table à langer. *– Préparer le matériel de change avant d'installer l'enfant sur la table à langer.* *– Éloigner les produits hors de portée lors du soin.* *– Adapter la température de l'eau.* *– Utiliser des produits adaptés aux nourrissons (hypoallergéniques).*	– Verbaliser l'action. *– Rassurer Marion.* *– Nommer les différentes parties de son corps.* *– Jouer à « coucou » (Marion a 8 mois).* *– Transmettre aux parents la liste des soins effectués.*
	Activité proposée	Confort lié à cette activité	Sécurité liée à cette activité	Communication liée à cette activité
Besoin d'alimentation	– Repas du midi. *– Biberon du matin.*	– Donner le biberon dans les bras. *– Installer confortablement Marion dans sa chaise haute pour les légumes.* *– Réaliser le change avant le repas, si besoin.*	– Vérifier la température du repas. *– Attacher Marion dans la chaise haute.* *– Adapter la consistance des aliments.*	

2 Pour faire prendre conscience de son schéma corporel à l'enfant, on peut :

– nommer les différentes parties du corps. Exemple : « Je mets ton bonnet sur ta tête, donne-moi ton pied… » ;

– faire participer Marion à la séance d'habillage, en lui posant des questions.

3 Les vaccinations

Vaccinations obligatoires	Vaccinations conseillées
– Vaccination antidiphtérique – Vaccination antipoliomyélitique – Vaccination antitétanique	ROR

4 Les manifestations de l'hyperthermie sont :
- des frissons ;
- des sueurs.

Les conduites à tenir en cas d'hyperthermie sont :
- découvrir l'enfant dans une pièce à 20 °C ;
- lui proposer souvent à boire.

5

Nom de la parasitose	La pédiculose
Nom du parasite	Le pou
Localisation du parasite	Au niveau du cuir chevelu

6 Les mesures d'hygiène permettant d'éviter la propagation de la parasitose sont :
- l'éviction scolaire de l'enfant ;
- le traitement de toute la famille avec des produits anti-poux ;
- le lavage à 90 °C de la literie et du linge.

7 L'adoption est un lien juridique établi à la suite d'un jugement.

8

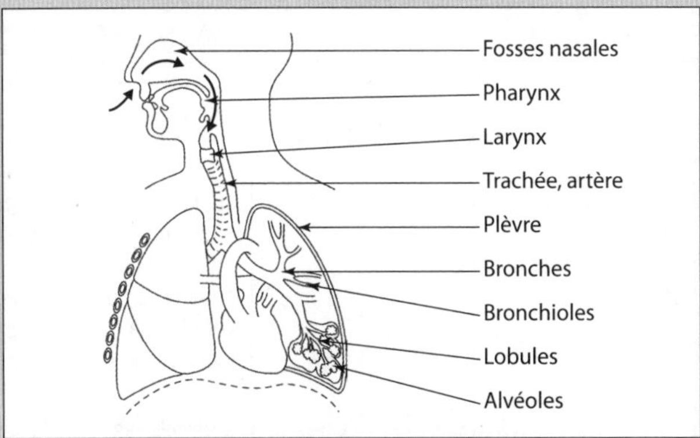

9

Inspiration	• Côtes abaissées et diminution du volume de la cage thoracique
	• Diaphragme relâché et remonté
	• Côtes soulevées et élargissement de la cage thoracique
Expiration	• Diaphragme contracté et abaissé

10 La vaccination a pour intérêt de :
- protéger l'individu de certaines maladies graves ;
- permettre l'éradication de certaines maladies ;
- protéger les autres.

11 La cuisine est la pièce où le risque d'accident est le plus important.

12

Pièce : la cuisine	
Danger	**Moyen de prévention**
La présence de produits d'entretien	Ranger les produits d'entretien en hauteur, hors de portée des enfants
Les préparations brûlantes dans les casseroles	Tourner le manche des casseroles vers l'intérieur
Les plaques de cuisson (après utilisation)	Les sécuriser avec des protèges-plaques
Les objets tranchants	Ranger les couteaux et objets tranchants dans un tiroir muni d'un bloque-tiroir
Le four	Le placer en hauteur ou le munir d'une porte froide ou d'une grille de protection

ENTRAÎNEMENT 5

1

	Soin d'hygiène proposé	Confort lié à ce soin	Sécurité liée à ce soin	Communication liée à ce soin
Besoin d'hygiène	– Le change – La toilette du visage – La toilette des mains		– Maintenir Zohra sur la table à langer – Éloigner les produits hors de portée lors du soin – Vérifier la température de l'eau – Utiliser des produits adaptés aux nourrissons : (hypoallergéniques)	– Expliquer chaque geste à Zohra – Rassurer l'enfant – Transmettre les soins effectués aux parents
	Activité proposée	**Confort lié à cette activité**	**Sécurité liée à cette activité**	**Communication liée à cette activité**
Besoin d'alimentation	– Le repas du midi – La collation du matin – La collation de l'après-midi	– Installer confortablement Zohra : chaise haute ou transat – Utiliser un coussin d'assise si besoin – Limiter la durée de la position assise (environ 30 minutes)	– Vérifier la température du repas – Attacher Zohra pour éviter les chutes – Proposer une consistance des aliments adaptée	

2 On peut proposer les activités suivantes : peinture au doigt, au coton-tige, à l'éponge ; collage de gommettes ; modelage ; comptines, chansons ; lecture de contes... Ces activités sont adaptées à l'âge de Matthieu et lui permettront de développer sa créativité.

Les objectifs visés peuvent être :
- la découverte ;
- la manipulation ;
- l'expression.

Mathieu peut effectuer les tâches suivantes :
- collage ;
- peinture ;
- choix des couleurs ;
- choix des matériaux ;
- rangement.

L'assistant(e) maternel(le) peut réaliser les tâches suivantes :
- préparer le matériel ;
- faire un modèle de réalisation ;
- aménager l'espace ;
- participer, motiver, informer, stimuler lors de l'activité ;
- ranger ;
- effectuer des tâches techniques ;
- préparer un gabarit ;
- découper.

3 Les quatre phases de l'évolution d'une maladie infectieuse sont :
- **la phase d'incubation** : les symptômes de la maladie ne sont pas encore apparents ;
- **la phase d'invasion** : apparition des signes généraux (fièvre, fatigue...) ;
- **la phase d'état** : apparition des signes spécifiques ;
- **la phase de convalescence** et la phase de terminaison : disparition des symptômes de la maladie et guérison.

4 Les manifestations de la varicelle sont :
- une éruption cutanée en trois phases (macules, vésicules, croûtes) ;
- un prurit, une démangeaison ou une légère fièvre.

Les conduites à tenir sont les suivantes :
- empêcher l'enfant de se gratter en lui enfilant des moufles, en coupant ses ongles ;
- faire baisser la fièvre avec des médicaments, un habillage léger.

Les moyens de prévention sont :
- l'éviction scolaire ;
- le fait de sécher les éruptions cutanées avec un traitement adapté qui facilite la cicatrisation ;
- l'utilisation d'un médicament pour limiter les démangeaisons.

5 PMI : Protection Maternelle Infantile.
La collectivité territoriale de rattachement est le département (conseil général).

6 Le carnet de santé permet :
- de constituer un dossier individuel pour le suivi médical de l'enfant ;
- de connaître les traitements en cours ;

- de justifier des vaccinations (pour l'entrée en structures collectives) ;
- pour chaque médecin ou intervenant auprès de l'enfant, de consulter immédiatement l'histoire médicale de l'enfant.

7 Les voies de pénétration des micro-organismes sont :
- la **voie respiratoire** ;
- la **voie cutanée** ;
- la **voie sanguine** ;
- la **voie digestive** ;
- la **voie génitale.**

8

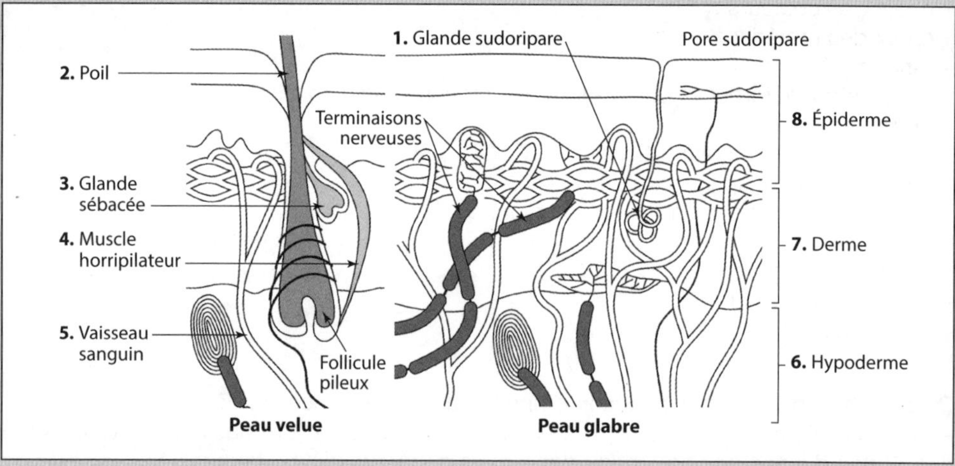

9 Les fonctions de la peau sont :
- la thermorégulation ;
- la synthèse ;
- l'élimination ;
- l'information sensorielle ;
- la sécrétion ;
- la protection.

10 Les accidents possibles dans la salle de bains sont :
- risque électrique : sèche-cheveux, radiateur, poste radio ;
- eau sur le sol : risque de chute ;
- produits dangereux : ingestion, intoxication ;
- objets coupants : ciseaux ;
- noyade ;
- brûlure avec l'eau chaude.

11 Les mesures de prévention à mettre en œuvre dans la salle de bains avant de donner le bain à Matthieu sont :
- prévoir tout le matériel nécessaire pour la toilette à portée de main ;
- disposer un tapis antidérapant dans le fond de la baignoire ;
- vérifier la température de l'eau avec un thermomètre ;
- rendre inaccessible tout ce qui présente un danger pour l'enfant (ciseaux, médicaments...) ;
- prévoir un tapis de sortie de bain ;

- protéger la robinetterie ;
- maintenir les appareils électriques éloignés des postes d'eau ;
- informer l'enfant des risques.

ENTRAÎNEMENT 6

1

Besoin	Réponse de l'assistante maternelle
D'hygiène	Effectuer le change
De sécurité	Effectuer le soin de l'érythème

2.1 Un nouveau-né est un **enfant né à terme (entre 37 et 42 semaines de grossesse).** Il est **appelé ainsi** pendant les **15 premiers jours de sa vie.**

2.2 Un réflexe archaïque est une activité motrice involontaire présente dès la naissance.

2.3

Nom du réflexe	Description
Le réflexe de la marche automatique	En mettant le nouveau-né debout sur un plan dur et en le soutenant par les aisselles, les jambes se redressent. Si on incline le nouveau-né vers l'avant, il se produit un mouvement de marche automatique.
Le réflexe de succion	L'excitation des lèvres du nouveau-né donne lieu à un mouvement de succion.
Le réflexe de Moro	Le nouveau-né fait un mouvement d'extension des deux bras, puis les rapproche sur lui en les pliant. Ce mouvement se produit lors d'un bruit sec ou lorsqu'on soulève l'enfant allongé sur le dos en laissant tomber sa tête en arrière.
Le réflexe d'agrippement ou *grasping*	L'excitation de la paume de la main entraîne une flexion complète de tous les doigts, qui enserrent alors l'objet responsable de l'excitation.

Les réflexes suivants seraient également acceptés : les points cardinaux, le redressement statique, le hoquet, le bâillement, l'éternuement…

2.4 Le contrôle de ces réflexes archaïques permet d'évaluer l'état neurologique du nouveau-né (son développement) et de dépister toute anomalie.

3 La fonction digestive est immature chez le nouveau-né, car :
- l'estomac a une **petite capacité volumique** ;
- **le cardia est immature** (ne se ferme pas complètement).

4.1 Les indicateurs de croissance qui servent de repères au développement somatique sont :
- la croissance pondérale et staturale ;
- la croissance des organes ;
- l'évolution des proportions du corps ;
- les indices de maturation osseuse ;
- l'évolution dentaire.

4.2 Les courbes de croissance dans le cas d'un développement somatique harmonieux ou « normal » doivent être régulières, ascendantes et comprises entre les limites inférieures et supérieures des zones de référence.

5

Thème : Noël Activité : sapin de Noël	
Pour qui ?	Noa, 2 ans et demi.
Quand ?	Le matin.
Matériels utilisés et produits (4 minimum)	– Une feuille Canson verte ; – des gommettes ; – des ciseaux ; – de la colle blanche ; – un pinceau pour la colle ; – des boulettes de feuilles.
Déroulement de l'activité : les différentes étapes (6 minimum)	– Découper un sapin sur une feuille de Canson verte (adulte). – Faire arracher à Noa des morceaux de papier d'une revue. – Lui montrer comment faire des petites boules avec ces morceaux entre ses deux mains. – Coller les petites boules sur le sapin à l'aide de la colle. – Ajouter des gommettes. – Mettre à sécher.
Objectifs de l'activité (au moins deux éléments de réponse)	– Développer la dextérité. – Développer la motricité. – Découvrir les textures.
Durée de l'activité	20 minutes.
Votre rôle durant l'activité (au moins 3 éléments de réponse)	– Accompagner Noa. – L'aider. – Le stimuler.

6 Il fallait associer les éléments suivants : 1E, 2F, 3B, 4G, 5H, 6D, 7A, 8I, 9J, 10C.

7.1 La propreté diurne se fait aux environs de 2 ans.
La propreté nocturne se fait vers 3-4 ans.

7.2 Les facteurs possibles de régression sont :
- la venue d'un petit frère ou d'une petite sœur ;
- un déménagement.

7.3 Les troubles du contrôle des sphincters sont :
- **l'énurésie** : absence de contrôle de la vessie ;
- **l'encoprésie** : absence de contrôle de la libération des matières fécales.

ENTRAÎNEMENT 7

1.1

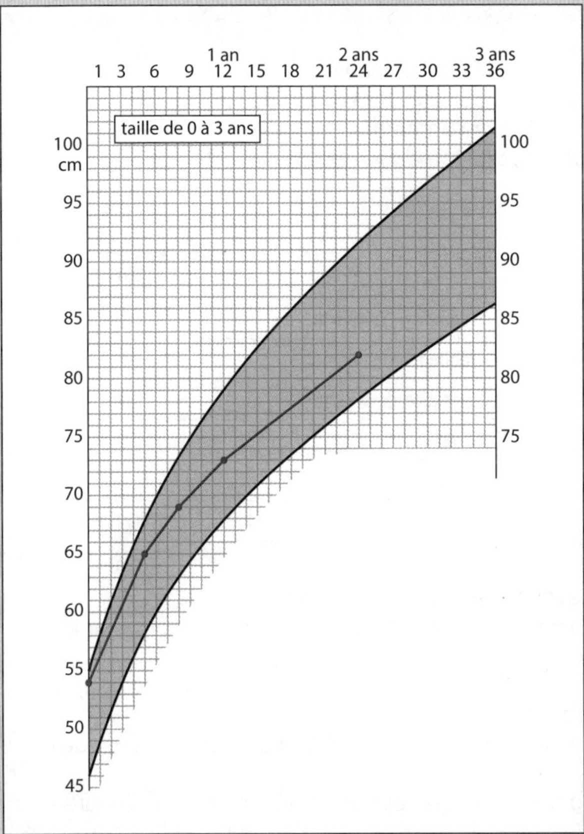

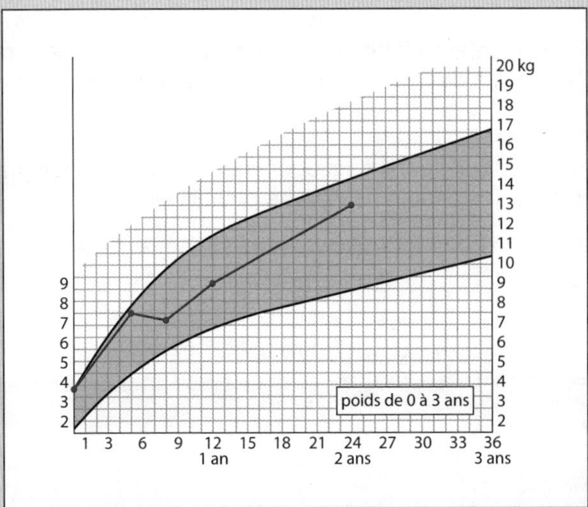

1.2 La courbe de poids de Julie n'est pas harmonieuse. Elle présente une cassure vers 4 mois, puis une augmentation très rapide vers 1 an.
La courbe de taille de Julie montre un ralentissement de la croissance à partir de 13 mois tout en restant dans la moyenne. Elle reste comprise dans l'intervalle des deux moyennes.

2 Les tests pratiqués dès la naissance sont :
– le score d'Apgar aux 1re, 5e et 10e minutes de vie ;
– la vérification des réflexes archaïques ;
– l'examen des hanches (signe du « ressaut »).

3.1

	Note
Fréquence cardiaque	2
Fréquence respiratoire	2
Coloration de la peau	2
Tonus	2
Réactivité	1
Score	9/10

4 Les parcours psychomoteurs développent :
– la motricité globale (équilibre, maintien, maîtrise du corps, agilité) ;
– la connaissance de soi (limites du corps, construction du schéma corporel, capacités motrices, coordination des mouvements, confiance en ses capacités, recherche de la réussite, maîtrise de sa peur) ;
– la connaissance de l'environnement et de l'espace (dessus, dessous, dans...).

5 Le schéma corporel est la perception que l'on a de son propre corps.

6 La latéralisation est le côté du corps humain qui domine certaines fonctions (gaucher ou droitier).

7 À partir de 2-3 ans, l'enfant s'affirme : il emploie le « je » et le « moi ». Il s'oppose aux autres par le « non ». Il devient plus sociable : il commence à jouer avec les autres enfants.

8 De 18 à 24 mois, on dit que l'enfant est égocentrique : il joue seul, mais observe beaucoup les autres enfants. Il a besoin de l'adulte pour jouer.

ENTRAÎNEMENT 8

1 Les autres mesures permettant de surveiller la croissance sont celles de :
- la croissance staturale ;
- la croissance du périmètre crânien.

2 Quatre conditions favorables à la croissance de l'enfant sont :
- une alimentation riche en calcium, phosphore, vitamines D et A qui favorise une bonne ossification ;
- une activité physique, qui favorise un développement harmonieux du squelette ;
- l'ensoleillement, qui favorise la production de vitamine D ;
- l'environnement psycho-affectif, qui favorise l'appétit et le développement de l'organisme.

3

Situation	Âge approximatif
Situation 1	3-4 ans
Situation 2	18 mois à 2 ans
Situation 3	5-7 ans

4 Les coins jeux ont pour intérêt de :
- favoriser la communication verbale ;
- favoriser l'apprentissage de la socialisation : partager, respecter l'autre... ;
- favoriser l'imitation des adultes : acceptation des ordres, des interdits en adoptant les phrases des adultes, leurs gestes...

5 L'enfant acquiert le contrôle :
- de la tenue de la tête vers 3-4 mois ;
- de la position assise sans appui vers 7-8 mois ;
- de la position debout vers 11 mois ;
- de la marche vers 12-13 mois.

6 La préhension est l'action de saisir avec la main.

7 La notion de temps est complètement acquise à 8-9 ans, la notion d'espace à 7 ans.

8

Situation	Propreté acquise	Âge approximatif
Situation 1	Propreté diurne	2 ans
Situation 2	Propreté nocturne	3 ans et demi

9 Les troubles possibles du contrôle des sphincters sont **l'énurésie** (absence de contrôle de la vessie) et **l'encoprésie** (absence de contrôle de la libération des matières fécales).

ENTRAÎNEMENT 9

1

Besoin	Réponse de l'assistante maternelle
D'hygiène et de sécurité	Effectuer le lavage antiseptique des plaies et les protéger
De confort	Vêtements adaptés

2.1 Dans une dentition de lait, il y a 20 dents.
Dans une dentition permanente, il y a 32 dents.

2.2 Les dents nouvelles dans la dentition définitive par rapport à la dentition de lait sont :
- les 8 molaires ;
- les 4 dents de sagesse (*on accepterait aussi « dernières molaires »*).

3.1 Le sommeil d'un enfant de deux ans se déroule en quatre phases :
- **l'endormissement :** l'enfant se frotte les yeux, baille, cherche une position confortable de repos ;
- **le sommeil lent ou calme :** le sommeil de l'enfant est calme, profond. Le tonus musculaire est diminué. C'est la phase de récupération de la fatigue physique ;
- **le sommeil rapide ou paradoxal :** le sommeil est plus agité, avec une respiration irrégulière. Les mouvements des paupières, du visage et du corps indiquent que l'enfant est en train de rêver. Cette période est très importante pour l'équilibre psychologique de l'enfant : c'est la phase de réparation de la fatigue nerveuse ;
- **la phase intermédiaire :** le tonus musculaire redevient progressivement normal. Les bruits extérieurs redeviennent perceptibles. C'est la période qui précède de peu l'éveil.

3.2 La durée d'un cycle total de sommeil est d'un peu plus de 2 heures, réparties de la manière suivante :
- première phase : 10 minutes ;
- deuxième phase : 90 minutes ;
- troisième phase : 20 minutes ;
- quatrième phase : 10 minutes.

3.3 Les besoins quotidiens de sommeil d'un enfant de 2 ans sont d'environ 13 à 14 heures : 12 heures pour la nuit et 1 h 30 à 2 heures pour la sieste.

3.4 Les signes de fatigue repérables chez le jeune enfant sont :
- le bâillement ;
- le frottement des yeux ;
- les pleurs ;
- un comportement nerveux ;
- la recherche du « doudou » ;
- l'isolement dans un endroit calme…

3.5 Les conditions favorables à l'endormissement et au bon fonctionnement du sommeil d'un enfant de 2 ans sont :
- une activité physique suffisante pendant la période d'éveil ;
- un rythme de vie et des horaires de repas réguliers ;
- une activité calme avant l'heure du coucher ;
- le respect des rites du coucher (câlins, histoire, berceuse…) ;

– la présence du « doudou » ;
– une pièce calme, de préférence dans la pénombre ;
– le respect du rythme de sommeil de l'enfant, avec un coucher dès les premiers signes de fatigue.

3.6 Les conséquences d'un manque de sommeil chez l'enfant sont les suivantes :
– son comportement est modifié : il montre une grande nervosité rendant ses réactions excessives ;
– sa concentration est fortement diminuée : il présente des difficultés pour apprendre et ses efforts ne sont pas soutenus ;
– le rythme éveil-sommeil n'étant pas régulier, l'enfant peut refuser de dormir ;
– il montre une baisse de l'appétence (appétit, envie).

4 Le **méconium** correspond **aux premières selles du nouveau-né.**

5.1 L'intérêt de la vaccination est de protéger contre certaines maladies.

5.2 Les rappels permettent de **réactiver la mémoire immunitaire.**

5.3 Le vaccin est préventif, le sérum est curatif.

6 Les activités pour Mattéo peuvent être :
– le tapis d'éveil ;
– le pousse-pousse ;
– les jeux musicaux…

7 L'aire de jeux (dessin B) convient à des enfants âgés de 3 à 9 mois. Le porteur (dessin A) convient à des enfants âgés de 9 à 15 mois. Le tricycle (dessin C) convient aux enfants âgés de 18 mois et plus.

8 L'aire de jeux est favorable à l'éveil de l'enfant. Le porteur permet à l'enfant l'apprentissage de la marche. Le tricycle permet l'acquisition de la coordination des gestes et de la latéralisation.

9 Les deux types de facteurs intervenant dans l'identité sexuelle sont :
– **les facteurs génétiques** (la découverte de son sexe) ;
– **les facteurs culturels et sociaux** (identification au parent du même sexe, imitation d'adultes…).

10.1 Un cauchemar est un rêve angoissant qui survient plutôt en fin de nuit. L'enfant a peur et ne peut se rendormir.
Une terreur nocturne est un éveil partiel en début de nuit. L'enfant semble angoissé, mais il dort toujours. Il n'en gardera aucun souvenir le lendemain.

10.2 En cas de cauchemar, l'adulte doit rassurer l'enfant, le recoucher et rester un peu avec lui. Le lendemain, il doit en reparler à l'enfant.
En cas de terreur nocturne, l'adulte doit recoucher l'enfant.

ENTRAÎNEMENT 10

1

Besoin	Réponse de l'assistante maternelle
D'hygiène	Effectuer le change
D'alimentation	Préparer et donner le biberon

2.1 La mesure qui est prise quand le médecin prend le pouls est la fréquence cardiaque, c'est-à-dire le nombre de contractions du cœur par minute.

2.2 Le cœur permet la circulation du sang dans le corps. C'est la contraction du muscle cardiaque qui assure la propulsion du sang dans l'appareil circulatoire.

2.3

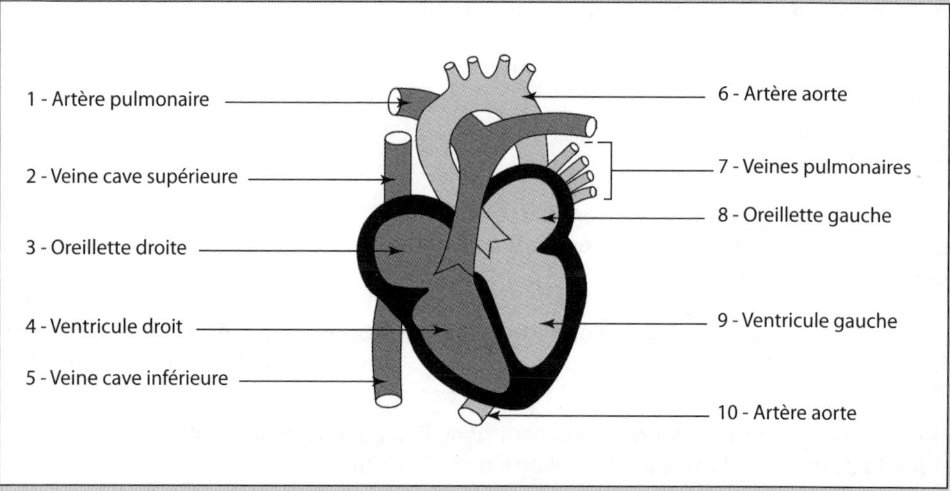

3 En cas de projection dans les yeux d'un produit d'entretien, il faut rincer abondamment à l'eau.

4

Situation	Âge approximatif
Situation 1 : Nicolas est dans sa voiture, il tourne le volant dans un sens puis dans l'autre.	3-4 ans
Situation 2 : Manon est dans sa chambre, elle prend sa poupée et la fait marcher.	18 mois
Situation 3 : Laura entre dans la classe et se dirige vers le coin épicerie pour jouer à la marchande avec sa copine Julie.	5-7 ans

5 Les coins jeux ont pour intérêt de :
– favoriser la communication verbale ;
– favoriser l'apprentissage de la socialisation : partager, respecter l'autre… ;

– favoriser l'imitation des adultes : acceptation des ordres, des interdits en adoptant les phrases des adultes, leurs gestes…

6 Les quatre étapes du développement de la locomotion sont :
– 1re étape : l'enfant **rampe au sol**, vers l'avant et vers l'arrière (vers 9 mois) ;
– 2e étape : il marche **à quatre pattes**, sur ses mains et ses genoux (vers 10 mois) ;
– 3e étape : il **se met debout ou marche en s'agrippant** (vers 11 mois) ou bien tenu par un adulte, par deux mains d'abord, puis par une seule main (vers 12 mois) ;
– 4e étape : il **marche seul** (plus d'un an).

7

Situation	Age approximatif
Situation 1	4 ans
Situation 2	2 ans et demi
Situation 3	15-18 mois
Situation 4	3 ans
Situation 5	2 ans

Corrigés des entraînements
EP1 – Connaissances pratiques

ENTRAÎNEMENT 1

Les deux tâches à effectuer :
– changer les vêtements de Caroline à son arrivée ;
– agir face à la plaie du genou de Ludovic.

La 1re TÂCHE : le change des vêtements de Caroline à son arrivée

Analyse de la situation

Qui êtes-vous ? Un(e) assistant(e) maternel(le) agréé(e).
Où ? À votre domicile.
À quel besoin de l'enfant répondez-vous ? Besoins d'hygiène et de confort.
Quelles sont les tâches que vous allez effectuer ? Un déshabillage et un habillage.
Qui est l'enfant ? Caroline, 7 mois (elle a régurgité une partie de son biberon du matin sur ses vêtements).
Quel est le moment de la journée ? À son arrivée le matin, à 7 h 30.

Objectifs

Assurer l'hygiène et le confort de l'enfant.

Matériels et produits

Un matelas de change, une poubelle, une corbeille de linge sale, une serviette, un thermomètre, un jouet ou le doudou, une lavette, un détergent/désinfectant, des vêtements propres.

Préparation

1. **Porter une tenue adaptée.**
2. **Se laver les mains.**
3. **Préparer le lieu**, fermer les fenêtres.
4. **Préparer le matériel et les produits.**

Exécution

1. **Prévenir** Caroline.
2. **Déshabiller** Caroline :
   – ôter le haut : faire passer les bras, élargir l'encolure pour faire passer la tête (attention à ne pas l'étrangler s'il s'agit d'un body) ;
   – couvrir Caroline ;
   – nettoyer le haut du corps et le cou (nettoyer le vomi).
3. **Habiller** Caroline :
   – enfiler le haut en élargissant le col ;

– faire passer les mains dans chaque manche ;
– enfiler le bas.

❹ **Installer Caroline en sécurité** : sur le transat ou dans le parc.

Rangement et nettoyage

❶ **Ranger le lieu** : ranger les produits sortis, le matelas, le thermomètre...
❷ **Nettoyer et désinfecter** : le matériel et le plan de travail.
❸ **Se laver les mains et mettre le linge « au sale »** au fur et à mesure du côté « sale ».
❹ **Ne jamais mettre en contact le « propre » et le « sale ».**

Transmission

Transmettre les informations :
– **les tâches qui ont été effectuées** ;
– **le déroulement de l'habillage et du déshabillage** (coopération de l'enfant ou non par exemple) ;
– **la date et l'heure** ;
– **les observations éventuelles** (état fébrile, a vomi et souillé sa robe).

Critères d'évaluation

– **L'organisation et l'ergonomie** : mise à disposition du matériel et des vêtements sur le plan de travail, choix de l'habillage assis et allongé à la fois.
– **L'hygiène** : respect du circuit propre/sale.
– **Le confort** : choix des vêtements adaptés à l'âge de Caroline, à son poids, à la saison, à la température.
– **La sécurité** : bon maintien de Caroline pour éviter les chutes, pas d'absence, ni d'éloignement du plan de travail.
– **L'économie** : ne sortir que les vêtements nécessaires.
– **La communication** : importance de la communication orale avec Caroline tout au long de la tâche, et contact des mains favorisé.
– **La qualité du résultat** : habillage correct de l'enfant (vêtements bien boutonnés, enfilés dans le bon sens...).

La 2e TÂCHE : le soin de la plaie du genou de Ludovic

Analyse de la situation

Qui êtes-vous ? Un(e) assistant(e) maternel(le) agréé(e).
Où ? À votre domicile.
À quel besoin de l'enfant répondez-vous ? Besoins d'hygiène et de sécurité.
Quel problème devez-vous résoudre ? Soigner la plaie au genou de Ludovic.
Qui est l'enfant ? Ludovic, 2 ans.
Quel est le moment de la journée ? Au cours de la matinée.

Objectifs

Éviter une aggravation de la plaie.

Préparation

❶ **Faire asseoir et rassurer Ludovic.**
❷ **Se laver les mains.**

3. **Préparer le matériel et les produits** : un plateau, une compresse ou un gant de toilette, une poubelle, un antiseptique non coloré (avec autorisation des parents), un pansement.
4. **Mettre des gants jetables.**

Exécution

1. **Laver la plaie à l'eau et au savon** en allant de l'intérieur vers l'extérieur de la plaie.
2. **Appliquer l'antiseptique** soit par vaporisation, soit avec une compresse (de l'intérieur vers l'extérieur), seulement si accord des parents et prescription médicale.
3. **Protéger la plaie avec un pansement.**
4. **Transmettre en fin de journée auprès des parents** : signalement de la plaie et vérification du vaccin antitétanique.

ENTRAÎNEMENT 2

Les deux tâches à effectuer :
– laver les mains et le visage de Matéo après l'activité pâtisserie ;
– agir devant la brûlure à la main de Matéo.

La 1re TÂCHE : le lavage des mains et du visage de Matéo après l'activité pâtisserie

Analyse de la situation

Qui êtes-vous ? Un(e) assistant(e) maternel(le) agréé(e).
Où ? À votre domicile.
À quel besoin de l'enfant répondez-vous ? Besoins d'hygiène et de confort.
Quelles sont les tâches que vous allez effectuer ? Lavage des mains et du visage de Matéo.
Qui est l'enfant ? Matéo, 26 mois.
Quel est le moment de la journée ? Dans l'après-midi, vers 15 heures.

Objectifs

Assurer l'hygiène, la propreté de la peau et favoriser le développement de l'autonomie.

Matériels et produits

Une serviette, un gant de toilette, un savon doux.

Préparation

1. **Porter une tenue adaptée.**
2. **Se laver les mains.**
3. **Préparer le lieu**, fermer les fenêtres.
4. **Préparer le matériel et les produits.**

Exécution

1. **Prévenir** l'enfant.
   Utiliser un tabouret pour que l'enfant soit à hauteur du lavabo ; enlever la farine de ses vêtements.
2. **Nettoyer le visage de Matéo, le faire participer,** lui dire ce qu'il doit faire :
   – mouiller le gant de toilette (eau du robinet) ;
   – essorer le gant dans le lavabo ;
   – nettoyer les yeux, le front, les ailes du nez, les joues, le menton, la bouche et le nez.
3. **Nettoyer les mains** soit avec le gant de toilette mouillé et imprégné d'une dose de savon, soit directement sous l'eau du robinet avec du savon. Rincer.
4. **Sécher le visage et les mains.**
5. **Installer l'enfant** en sécurité.

Rangement et nettoyage

1. **Ranger le lieu** : ranger les produits sortis, les serviettes…
2. **Nettoyer et désinfecter** : le matériel et le plan de travail.
3. **Se laver les mains et mettre le linge « au sale »** au fur et à mesure du côté « sale ».
4. **Ne jamais mettre en contact le « propre » et le « sale ».**

Transmission

Transmettre les informations :
– **les tâches qui ont été effectuées** ;
– **le déroulement de l'aide à la toilette** (coopération de l'enfant ou non par exemple) ;
– **la date et l'heure** ;
– **les observations éventuelles.**

Critères d'évaluation

– **L'organisation et l'ergonomie** : mise à disposition du matériel et des produits sur le plan de travail.
– **L'hygiène** : respect du circuit propre/sale ; utilisation de l'eau du robinet pour le visage sans savon.
– **Le confort** : utilisation d'un tabouret (assurant la sécurité de l'enfant) pour que l'enfant soit à hauteur du lavabo.
– **La sécurité** : bon maintien de l'enfant pour éviter les chutes.
– **L'économie** : pas d'utilisation excessive de savon, ne pas faire couler l'eau inutilement.
– **La communication** : importance de la communication orale avec l'enfant tout au long de la tâche.
– **La qualité du résultat** : toilette correcte de l'enfant ; sollicitation de l'enfant en fonction de son degré d'autonomie ; qualité et pertinence des explications dans l'apprentissage des gestes.

La 2e TÂCHE : le soin de la brûlure à la main de Matéo

Analyse de la situation

Qui êtes-vous ? Un(e) assistant(e) maternel(le) agréé(e).
Où ? À votre domicile (après une activité pâtisserie).
À quel besoin de l'enfant répondez-vous ? Besoins d'hygiène et de sécurité.
Quel problème devez-vous résoudre ? Éviter l'aggravation de la brûlure.

Qui est l'enfant ? Matéo, 26 mois (brûlure au coude droit).
Quel est le moment de la journée ? Dans l'après-midi, vers 15 heures.

Objectifs

Arroser pour éteindre et refroidir la brûlure.

Préparation

❶ **Localiser la brûlure.**
❷ **Guider Matéo vers un point d'eau** tout en le rassurant (dans la cuisine).
❸ **Le faire asseoir si nécessaire.**

Exécution

❶ **Arroser à l'eau froide** courante et à faible pression la partie brûlée pendant environ 5 minutes.
❷ **Surveiller la brûlure et rassurer Matéo.**
❸ **Effectuer une transmission en fin de journée auprès des parents** : signaler la brûlure.

ENTRAÎNEMENT 3

Les deux tâches à effectuer :
– réaliser le change de William avant la sortie au parc ;
– prendre la température axillaire de William et agir en conséquence.

La 1re TÂCHE : le change de William avant la sortie au parc

Analyse de la situation

Qui êtes-vous ? Un(e) assistant(e) maternel(le) agréé(e) rattaché(e) à une crèche familiale.
Où ? À votre domicile.
À quel besoin de l'enfant répondez-vous ? Besoins d'hygiène et de confort.
Quelles sont les tâches que vous allez effectuer ? Un change et un habillage pour une sortie au parc.
Qui est l'enfant ? William, 6 mois.
Quel est le moment de la journée ? Dans l'après-midi vers 15 heures (journée ensoleillée).

Objectifs

Assurer le confort, l'hygiène, le bien-être de l'enfant et prévenir les érythèmes fessiers.

Matériels et produits

Un matelas de change, une baignoire (ou un point d'eau), une poubelle, une corbeille de linge sale, un thermomètre, une serviette, un gant de toilette (ou des lingettes jetables à domicile), du papier toilette, un savon doux, une couche adaptée à l'âge de l'enfant, un jouet ou le doudou, des vêtements de rechange si nécessaire (des vêtements propres et adaptés au temps ensoleillé), une lavette, un détergent/désinfectant.

Préparation

1. **Porter une tenue adaptée.**
2. **Se laver les mains.**
3. **Préparer le lieu**, fermer les fenêtres.
4. **Préparer le matériel et les produits.**

Exécution

1. **Prévenir** William.
2. **Enlever le bas des vêtements et relever le body ; changer le body et les vêtements si nécessaire** et les mettre dans la corbeille de linge sale.
3. **Ôter la couche sale** en la repliant et la jeter à la poubelle (garder une main sur William).
4. **Savonner le siège** de William : l'abdomen ; les cuisses et les plis de l'aine ; les organes génitaux (du pubis vers l'anus, en s'arrêtant avant) ; le bas du dos ; les fesses, puis la région anale.
5. **Rincer à l'eau** dans le même ordre (avec le gant de toilette).
6. **Sécher** en tapotant et en insistant dans les plis.
7. **Mettre la couche propre** : fixer les adhésifs et passer deux doigts au niveau de l'abdomen et des cuisses pour vérifier si ce n'est pas trop serré.
8. **Rhabiller** William : boutonner le body propre et mettre les vêtements (de rechange si nécessaire et adaptés au temps).
9. **L'installer en sécurité.**

Rangement et nettoyage

1. **Ranger la salle de bains** : ranger les produits sortis, le matelas, le thermomètre…
2. **Ne jamais mettre en contact le « propre » et le « sale »** ; **mettre le linge « au sale »** au fur et à mesure du côté « sale » ; **mettre la serviette au sale.**
3. **Nettoyer et désinfecter** : le matériel et le plan de travail (matelas de change et baignoire).
4. **Se laver les mains.**

Transmission

Transmettre les informations :
- **les tâches qui ont été effectuées** : change de William ;
- **le déroulement du change** (communication de l'enfant ou non) ;
- **la date et l'heure** : 15 heures ;
- **les observations éventuelles.**

Critères d'évaluation

- **L'organisation et l'ergonomie** : mise à disposition du matériel, des produits et des vêtements de rechange sur le plan de travail, choix du change couché.
- **L'hygiène** : respect du circuit propre/sale.
- **Le confort** : choix de la couche adaptée à l'âge de William, à son poids ; choix des vêtements adaptés à la saison, à la température, à la sortie.

- **La sécurité** : bon maintien de William pour éviter les chutes, pas d'absence, ni d'éloignement du plan de travail.
- **L'économie** : respect des doses pour l'utilisation des produits (savon, détergent...).
- **La communication** : communication orale avec William tout au long de la tâche et contact des mains favorisé.
- **La qualité du résultat** : couche propre, habillage correct de William.

La 2e TÂCHE : la prise de la température axillaire de William et les actions en conséquence

Analyse de la situation

Qui êtes-vous ? Un(e) assistant(e) maternel(le) agréé(e) rattaché(e) à une crèche familiale.
Où ? À votre domicile (de retour du parc).
À quel besoin de l'enfant répondez-vous ? Besoins de sécurité.
Quel problème devez-vous résoudre ? Surveiller la température corporelle d'un nourrisson et agir.
Qui est l'enfant ? William, 6 mois (front chaud et joues rouges ; semble fébrile).
Quel est le moment de la journée ? L'après-midi, de retour du parc.

Objectifs

Prendre la température axillaire de l'enfant pour adopter une conduite adaptée à la situation.

Préparation

❶ **Se laver les mains.**
❷ **Préparer le matériel et les produits** : un thermomètre (permettant la prise de température sous les aisselles), une compresse, un embout jetable, une poubelle, un plateau et un détergent/désinfectant.
❸ **Prévenir William.**

Exécution

❶ **Nettoyer le thermomètre.**
❷ **Placer William sur le dos.**
❸ **Placer le bout du thermomètre au centre de l'aisselle de William.**
❹ **S'assurer que le bras de William est bien collé contre son corps.**
❺ **Laisser le thermomètre en place pendant 1 minute environ** (attendre le signal sonore).
❻ **Retirer le thermomètre et lire la température.**
❼ **Nettoyer et désinfecter le thermomètre.**
❽ Variation normale de la température : de 34,7 °C à 37,3 °C (ajouter + 0,9 °C) ; en fonction de sa température, il faudra le découvrir (pas complètement), le faire boire, faire baisser la fièvre.
❾ **Transmission en fin de journée auprès des parents** : signalement du front chaud et des joues rouges ; de l'état fébrile, de la prise de température et des mesures prises en fonction de la présence ou non de fièvre.

ENTRAÎNEMENT 4

Les deux tâches à effectuer :
– effectuer le change de Mathias au lever de la sieste ;
– agir face au saignement de nez de Samia.

La 1re TÂCHE : le change de Mathias au lever de la sieste

Analyse de la situation

Qui êtes-vous ? Un(e) assistant(e) maternel(le) agréé(e) rattaché(e) à une crèche familiale.
Où ? À votre domicile.
À quel besoin de l'enfant répondez-vous ? Besoins d'hygiène et de confort.
Quelles sont les tâches que vous allez effectuer ? Un change.
Qui est l'enfant ? Mathias, 5 mois.
Quel est le moment de la journée ? Matin, au lever de la sieste.

Objectifs

Assurer le confort, l'hygiène, le bien-être de l'enfant et prévenir les érythèmes fessiers.

Matériels et produits

Un matelas de change, une baignoire (point d'eau), une poubelle, une corbeille de linge sale, un thermomètre, une serviette, un gant de toilette (ou des lingettes jetables à domicile), du papier toilette, un savon doux, une couche adaptée à l'âge de l'enfant, un jouet ou le doudou, des vêtements de rechange si nécessaire et adaptés à l'extérieur, une lavette, un détergent/désinfectant.

Préparation

1. **Porter une tenue adaptée.**
2. **Se laver les mains.**
3. **Préparer le lieu**, fermer les fenêtres.
4. **Préparer le matériel et les produits.**

Exécution

1. **Prévenir** Mathias.
2. **Déshabiller le bas** du corps de Mathias (déboutonner le bas, s'il porte un body, le remonter sur l'abdomen de l'enfant en le roulant ; si le bas est sale, le mettre dans la corbeille de linge sale).
3. **Essuyer le siège** avec les parties propres de la couche ou avec du papier toilette.
4. **Ôter la couche sale** en la repliant et la jeter à la poubelle (garder une main sur Mathias).
5. **Savonner le siège** de Mathias : l'abdomen ; les cuisses et les plis de l'aine ; les organes génitaux (du pubis vers l'anus, en s'arrêtant avant) ; le bas du dos ; les fesses, puis la région anale.
6. **Rincer à l'eau** dans le même ordre (avec le gant de toilette).
7. **Sécher** en tapotant et en insistant dans les plis.
8. **Mettre la couche propre** : fixer les adhésifs et passer deux doigts au niveau de l'abdomen et des cuisses pour vérifier si ce n'est pas trop serré.

❾ **Rhabiller** Mathias en fonction du temps extérieur (matinée de printemps où il fait très beau).
❿ **Installer** Mathias **en sécurité** : sur le transat.

Rangement et nettoyage

❶ **Ranger la salle de bains** : ranger les produits sortis, le matelas, le thermomètre…
❷ **Ne jamais mettre en contact le « propre » et le « sale »** ; **mettre le linge « au sale »** au fur et à mesure du côté sale ; **mettre la serviette au sale**.
❸ **Nettoyer et désinfecter** : le matériel et le plan de travail (matelas de change et baignoire).
❹ **Se laver les mains.**

Transmission

Transmettre les informations :
– **les tâches qui ont été effectuées** : change de Mathias ;
– **le déroulement du change** (communication de l'enfant ou non) ;
– **la date et l'heure** : dans la matinée, après la sieste de Mathias ;
– **les observations éventuelles.**

Critères d'évaluation

– **L'organisation et l'ergonomie** : mise à disposition du matériel, des produits et des vêtements de rechange sur le plan de travail, choix du change couché.
– **L'hygiène** : respect du circuit propre/sale.
– **Le confort** : choix de la couche adaptée à l'âge de Mathias, à son poids ; choix des vêtements adaptés à la saison et à la température extérieure.
– **La sécurité** : bon maintien de Mathias pour éviter les chutes, pas d'absence, ni d'éloignement du plan de travail.
– **L'économie** : respect des doses pour l'utilisation des produits (savon, détergent…).
– **La communication** : communication orale avec Mathias tout au long de la tâche et contact des mains favorisé.
– **La qualité du résultat** : siège propre, couche propre, habillage correct de Mathias (vêtements bien boutonnés, enfilés dans le bon sens…).

La 2e TÂCHE : le soin du saignement de nez de Samia

Analyse de la situation

Qui êtes-vous ? Un(e) assistant(e) maternel(le) agréé(e) rattaché(e) à une crèche familiale.
Où ? À l'extérieur dans le jardin de la maison.
À quel besoin de l'enfant répondez-vous ? Besoins d'hygiène et de sécurité.
Quel problème devez-vous résoudre ? Arrêter le saignement de nez de Samia.
Qui est l'enfant ? Samia, 2 ans.
Quel est le moment de la journée ? Le matin.

Objectifs

Arrêter le saignement de nez.

Préparation

❶ **Faire asseoir Samia et la rassurer.**

❷ **Se laver les mains.**
❸ **Mettre des gants jetables.**

Exécution

❶ **Comprimer la narine de Samia**, tête penchée en avant jusqu'à l'arrêt du saignement (expliquer à Samia le geste).
❷ **Enlever les gants et les jeter.**
❸ **Nettoyer les mains et le visage de Samia.**
❹ **Transmission auprès des parents** : signaler le saignement de nez.

ENTRAÎNEMENT 5

Les deux tâches à effectuer :
– changer les vêtements mouillés de Théo (pyjama et body) ;
– effectuer la prise de température axillaire de Théo et agir en conséquence.

La 1re TÂCHE : le change des vêtements mouillés de Théo

Analyse de la situation

Qui êtes-vous ? Un(e) assistant(e) maternel(le) agréé(e) rattaché(e) à une crèche familiale.
Où ? À votre domicile.
À quel besoin de l'enfant répondez-vous ? Besoins d'hygiène et de confort.
Quelles sont les tâches que vous allez effectuer ? Un change (body et pyjama mouillés).
Qui est l'enfant ? Théo, 4 mois.
Quel est le moment de la journée ? Le matin vers 10 h 30, au lever de sa sieste.

Objectifs

Assurer le confort, l'hygiène, le bien-être de l'enfant et prévenir les érythèmes fessiers.

Matériels et produits

Un matelas de change, une baignoire (point d'eau), une poubelle, une corbeille de linge sale, un thermomètre, une serviette, un gant de toilette (ou des lingettes jetables à domicile), du papier toilette, un savon doux, une couche adaptée à l'âge de l'enfant, un jouet ou le doudou, des vêtements de rechange (body et pyjama ou autres), une lavette, un détergent/désinfectant.

Préparation

❶ **Porter une tenue adaptée.**
❷ **Se laver les mains.**
❸ **Préparer le lieu**, fermer les fenêtres.
❹ **Préparer le matériel et les produits.**

Exécution

1. **Prévenir** Théo.
2. **Ôter le pyjama mouillé et le mettre au sale** ; déboutonner le bas du body, le remonter sur l'abdomen de l'enfant en le roulant s'il fait froid ou le mettre dans la corbeille de linge sale.
3. **Essuyer le siège** avec les parties propres de la couche ou avec du papier toilette.
4. **Ôter la couche sale** en la repliant et la jeter à la poubelle (garder une main sur Théo).
5. **Savonner le siège** de Théo : l'abdomen, les cuisses et les plis de l'aine, les organes génitaux (du pubis vers l'anus, en s'arrêtant avant), le bas du dos, les fesses, puis la région anale.
6. **Rincer à l'eau** dans le même ordre (avec le gant de toilette).
7. **Sécher** en tapotant et en insistant dans les plis.
8. **Mettre la couche propre** : fixer les adhésifs et passer deux doigts au niveau de l'abdomen et des cuisses pour vérifier si ce n'est pas trop serré.
9. **Rhabiller** Théo avec le body propre et un pyjama ou d'autres vêtements propres.
10. **Installer** Théo **en sécurité** : sur le transat.

Rangement et nettoyage

1. **Ranger la salle de bains** : ranger les produits sortis, le matelas, le thermomètre…
2. **Ne jamais mettre en contact le « propre » et le « sale »** ; mettre le linge « au sale » au fur et à mesure du côté « sale » ; mettre la serviette au sale.
3. **Nettoyer et désinfecter** : le matériel et le plan de travail (matelas de change et baignoire).
4. **Se laver les mains.**

Transmission

Transmettre les informations :
- **les tâches qui ont été effectuées** : change de Théo ;
- **le déroulement du change** (communication de l'enfant ou non) ;
- **la date et l'heure** : dans la matinée, après 10 h 30 au réveil de Théo ;
- **les observations éventuelles** : joues rouges.

Critères d'évaluation

- **L'organisation et l'ergonomie** : mise à disposition du matériel, des produits et des vêtements de rechange sur le plan de travail, choix du change couché.
- **L'hygiène** : respect du circuit propre/sale.
- **Le confort** : choix de la couche adaptée à l'âge de Théo, à son poids ; choix des vêtements adaptés à la saison, à la température et à son état fébrile.
- **La sécurité** : bon maintien de Théo pour éviter les chutes, pas d'absence, ni d'éloignement du plan de travail.
- **L'économie** : respect des doses pour l'utilisation des produits (savon, détergent…).
- **La communication** : communication orale avec Théo tout au long de la tâche et contact des mains favorisé.
- **La qualité du résultat** : siège propre, couche propre, habillage correct de Théo (vêtements bien boutonnés, enfilés dans le bon sens…).

La 2e TÂCHE : la prise de température axillaire de Théo et les actions en conséquence

Analyse de la situation

Qui êtes-vous ? Un(e) assistant(e) maternel(le) agréé(e) rattaché(e) à une crèche familiale.
Où ? À votre domicile.
À quel besoin de l'enfant répondez-vous ? Besoins de sécurité.
Quel problème devez-vous résoudre ? Surveiller la température corporelle d'un nourrisson et agir.
Qui est l'enfant ? Théo, 4 mois (joues rouges).
Quel est le moment de la journée ? Le matin vers 10 h 30 au lever de sa sieste.

Objectifs

Prendre la température axillaire de l'enfant pour adopter une conduite adaptée à la situation.

Préparation

1. **Se laver les mains.**
2. **Préparer le matériel et les produits** : un thermomètre (permettant la prise de température sous les aisselles), une compresse, un embout jetable, une poubelle, un plateau et un détergent/désinfectant.
3. **Prévenir Théo.**

Exécution

1. **Nettoyer le thermomètre.**
2. **Placer Théo sur le dos.**
3. **Placer le bout du thermomètre au centre de l'aisselle de Théo.**
4. **S'assurer que le bras de Théo est bien collé contre son corps.**
5. **Laisser le thermomètre en place pendant 1 minute environ** (attendre le signal sonore).
6. **Retirer le thermomètre et lire la température.**
7. **Nettoyer et désinfecter le thermomètre.**
   Variation normale de la température : 34,7 °C à 37,3 °C (ajouter + 0,9 °C) ; en fonction de sa température, il faudra le découvrir (pas complètement), le faire boire, faire baisser la fièvre.
8. **Transmission en fin de journée auprès des parents** : signalement des joues rouges, de la prise de température et des mesures prises en fonction de la présence ou non de fièvre.

ENTRAÎNEMENT 6

Les deux tâches à effectuer :
– effectuer l'habillage de Jessica adapté à l'activité extérieure ;
– prendre la température axillaire de Yasmine et agir en conséquence (le thermomètre affiche 38 °C).

La 1re TÂCHE : l'habillage de Jessica adapté à l'activité extérieure

Analyse de la situation

Qui êtes-vous ? Un(e) assistant(e) maternel(le) agréé(e).
Où ? À votre domicile.
À quel besoin de l'enfant répondez-vous ? Besoins d'hygiène et de confort.
Quelles sont les tâches que vous allez effectuer ? Déshabillage et habillage pour la piscine.
Qui est l'enfant ? Jessica, 2 ans et demi.
Quel est le moment de la journée ? L'après-midi, vers 16 heures après la sieste.

Objectifs

Assurer le confort, l'hygiène, le bien-être de l'enfant.

Matériels et produits

Les vêtements de baignade (maillot de bain), une serviette de bain, un tee-shirt, une casquette, de la crème solaire, des chaussures extérieures.

Préparation

Préparer le nécessaire de baignade (vêtements, serviette, casquette, crème solaire).

Exécution

1. Prévenir Jessica.
2. **Aider Jessica à enlever ses vêtements.**
3. **Aider Jessica à mettre son maillot de bain, son tee-shirt, sa casquette et ses chaussures.**
4. **Prendre la serviette de bain et la crème solaire** (mettre de la crème solaire sur toutes les parties exposées au soleil).
5. **Accompagner et surveiller** Jessica pour les activités (baignade et bac à sable).

Rangement et nettoyage

Mettre les vêtements à disposition (lors de la mise en maillot de bain) dans la maison.

Transmission

Transmettre les informations :
– **les tâches qui ont été effectuées** : déshabillage et habillage pour la piscine ;
– **le déroulement de l'activité** ;
– **la date et l'heure** : dans l'après-midi, vers 16 heures après la sieste ;
– **les observations éventuelles.**

Critères d'évaluation

- **L'organisation et l'ergonomie** : mise à disposition du matériel, des produits et des vêtements de rechange après la baignade et le bac à sable.
- **L'hygiène** : respect du circuit propre/sale.
- **Le confort** : choix des vêtements adaptés à la baignade, au bac à sable et à la température extérieure.
- **La sécurité** : surveillance de Jessica tout au long des activités.
- **L'économie** : respect des doses pour la crème solaire.
- **La communication** : communication orale avec Jessica tout au long des activités.
- **La qualité du résultat** : peau et tête protégées, maillot de bain et tee-shirt adaptés ; présence d'une serviette pour la sécher avant le bac à sable.

La 2e TÂCHE : la prise de la température axillaire de Yasmine et les actions en conséquence

Analyse de la situation

Qui êtes-vous ? Un(e) assistant(e) maternel(le) agréé(e).
Où ? À votre domicile.
À quel besoin de l'enfant répondez-vous ? Besoins de sécurité.
Quel problème devez-vous résoudre ? Surveiller la température corporelle d'un nourrisson et agir.
Qui est l'enfant ? Yasmine, 5 mois (pleurs, rouge, transpire beaucoup).
Quel est le moment de la journée ? L'après-midi, après la sieste vers 16 heures.

Objectifs

Prendre la température axillaire de l'enfant pour adopter une conduite adaptée à la situation.

Préparation

1. **Se laver les mains.**
2. **Préparer le matériel et les produits :** un thermomètre (permettant la prise de température sous les aisselles), une compresse, un embout jetable, une poubelle, un plateau et un détergent/désinfectant.
3. **Prévenir Yasmine.**

Exécution

1. **Nettoyer le thermomètre.**
2. **Placer Yasmine sur le dos.**
3. **Placer le bout du thermomètre au centre de l'aisselle de Yasmine.**
4. **S'assurer que le bras de Yasmine est bien collé contre son corps.**
5. **Laisser le thermomètre en place pendant 1 minute environ** (attendre le signal sonore).
6. **Retirer le thermomètre et lire la température.**
7. **Nettoyer et désinfecter le thermomètre.**
   Variation normale de la température : 34,7 °C à 37,3 °C (ajouter + 0,9 °C).
   Yasmine a de la fièvre : le thermomètre affiche 38 °C. Il faut la découvrir (pas complètement), la faire boire, faire baisser la fièvre.
8. **Transmission en fin de journée auprès des parents** : signalement des pleurs, de l'aspect rouge de la peau, de la transpiration, de la prise de température et des mesures prises pour faire baisser la fièvre.

ENTRAÎNEMENT 7

Les deux tâches à effectuer :
– réaliser le lavage des mains et du visage de Marion, ainsi que le change des vêtements ;
– agir sur la plaie simple de l'oreille de Marion.

La 1re TÂCHE : le lavage des mains et du visage de Marion, ainsi que le change des vêtements

Analyse de la situation

Qui êtes-vous ? Un(e) assistant(e) maternel(le) agréé(e).
Où ? À votre domicile.
À quel besoin de l'enfant répondez-vous ? Besoins d'hygiène et de confort.
Quelles sont les tâches que vous allez effectuer ? Une aide à la toilette des mains et du visage, et un change de vêtements.
Qui est l'enfant ? Marion, 14 mois.
Quel est le moment de la journée ? Le matin.

Objectifs

Assurer l'hygiène, le confort, la propreté de la peau et favoriser le développement de l'autonomie.

Matériels et produits

Une serviette, un gant de toilette, du savon doux, un point d'eau, une corbeille de linge sale, des vêtements de rechange.

Préparation

1. **Porter une tenue adaptée.**
2. **Se laver les mains.**
3. **Préparer le lieu**, fermer les fenêtres.
4. **Préparer le matériel et les produits.**

Exécution

1. **Prévenir** Marion ; enlever les vêtements souillés par le jus d'orange et les mettre au sale.
2. **Nettoyer le visage** ; **faire participer** Marion, lui dire ce qu'elle doit faire :
   - mouiller le gant de toilette (eau du robinet) ;
   - essorer le gant dans le lavabo ;
   - nettoyer les yeux, le front, les ailes du nez, les joues, le menton, la bouche et le nez.
3. **Nettoyer les mains** soit avec le gant de toilette mouillé et imprégné d'une dose de savon, soit directement sous l'eau du robinet avec du savon.
4. **Sécher le visage** et **les mains.**
5. **Habiller Marion en la sollicitant.**

Rangement et nettoyage

1. **Ranger le lieu** : ranger les produits sortis, les serviettes…
2. **Nettoyer et désinfecter** : le matériel et le plan de travail.

③ Se laver les mains et mettre le linge « au sale » au fur et à mesure du côté « sale ».
④ Ne jamais mettre en contact le « propre » et le « sale ».

Transmission

Transmettre les informations :
- **les tâches qui ont été effectuées** ;
- **le déroulement de l'aide à la toilette et à l'habillage** (coopération de l'enfant ou non par exemple) ;
- **la date et l'heure** : le matin ;
- **les observations éventuelles**.

Critères d'évaluation

- **L'organisation et l'ergonomie** : mise à disposition du matériel et des produits sur le plan de travail.
- **L'hygiène** : respect du circuit propre/sale ; utilisation de l'eau du robinet pour le visage sans savon.
- **Le confort** : aide adaptée aux possibilités de l'enfant et en position debout.
- **La sécurité** : surveillance de l'enfant.
- **L'économie** : pas d'utilisation excessive de savon, ne pas faire couler l'eau inutilement.
- **La communication** : importance de la communication orale avec Marion tout au long de la tâche.
- **La qualité du résultat** : toilette correcte de l'enfant ; vêtements propres ; sollicitation de l'enfant adaptée à son degré d'autonomie ; qualité et pertinence des explications.

La 2e TÂCHE : le soin de la plaie simple de l'oreille de Marion

Analyse de la situation

Qui êtes-vous ? Un(e) assistant(e) maternel(le) agréé(e).
Où ? À votre domicile.
À quel besoin de l'enfant répondez-vous ? Besoins d'hygiène et de sécurité.
Quel problème devez-vous résoudre ? Soigner la plaie à l'oreille droite de Marion.
Qui est l'enfant ? Marion, 14 mois.
Quel est le moment de la journée ? Dans la matinée.

Objectifs

Éviter une aggravation de la plaie.

Préparation

① Faire asseoir et rassurer Marion.
② Se laver les mains.
③ **Préparer le matériel et les produits** : un plateau, une compresse ou un gant de toilette, une poubelle, un antiseptique non coloré (avec autorisation des parents).
④ Mettre des gants jetables.

Exécution

① **Laver la plaie à l'eau et au savon** en allant de l'intérieur vers l'extérieur de la plaie.
② **Appliquer l'antiseptique** soit par vaporisation, soit avec une compresse (de l'intérieur vers l'extérieur), seulement si accord des parents et prescription médicale.

❸ **Protéger la plaie** avec un pansement si nécessaire.
❹ **Transmission en fin de journée auprès des parents** : signalement de la plaie et vérification du vaccin antitétanique.

ENTRAÎNEMENT 8

Les deux tâches à effectuer :
– changer les vêtements de Tristan ;
– effectuer le soin de la griffure de Tristan.

La 1re TÂCHE : le change des vêtements de Tristan

Analyse de la situation

Qui êtes-vous ? Un(e) assistant(e) maternel(le) agréé(e).
Où ? À votre domicile.
À quel besoin de l'enfant répondez-vous ? Besoins d'hygiène et de confort.
Quelles sont les tâches que vous allez effectuer ? Change des vêtements de Tristan (peinture).
Qui est l'enfant ? Tristan, 28 mois.
Quel est le moment de la journée ? Le matin vers 10 h 00.

Objectifs

Assurer l'hygiène, le confort, la propreté de la peau et favoriser le développement de l'autonomie.

Matériels et produits

Une serviette, un gant de toilette, du savon doux, un point d'eau, une corbeille de linge sale, des vêtements de rechange.

Préparation

❶ **Porter une tenue adaptée.**
❷ **Se laver les mains.**
❸ **Préparer le lieu,** fermer les fenêtres.
❹ **Préparer le matériel et les produits.**

Exécution

❶ **Prévenir** Tristan ; enlever les vêtements souillés par la peinture et les mettre au sale.
❷ **Nettoyer si nécessaire les parties du corps souillées par de la peinture ; faire participer** Tristan, lui dire ce qu'il doit faire :
– mouiller le gant de toilette (eau du robinet) ;
– essorer le gant dans le lavabo et nettoyer.

Cultura

La culture avec un grand AAAH!

Vous avez été reçu par CAISSE ACCUEIL

BLANCHARD-C+CHEYFOUZ / OBJ x1		(1)
9782017182429	12,90	12,90
COLLECTIF / OBJECTIF CAP A x1		(1)
9782017194330	14,50	14,50
COLLECTIF / CAP ACCOMPAGNA x1		(1)
9782091674490	15,90	15,90

NET A PAYER EN EUR : 43,30

PAIEMENT EN EUR

ESPECES : 45,30

*** RENDU MONNAIE *** : 2,00

DETAIL TVA

CODE	TAUX	HT	TVA	TTC
1	5,50	41,04	2,26	43,30

Nombre d'articles : 3

Nombre de retours : 0

CAISSE : 024 - 07 LE 29/03/2023

TICKET : 228438 A 11:10:34

6000 2410 7002 2843 83

3. **Nettoyer les mains** soit avec le gant de toilette mouillé et imprégné d'une dose de savon, soit directement sous l'eau du robinet avec du savon.
4. **Sécher.**
5. **Aider Tristan à se rhabiller en le sollicitant.**

Rangement et nettoyage

1. **Ranger le lieu** : ranger les produits sortis, les serviettes…
2. **Nettoyer et désinfecter** : le matériel et le plan de travail.
3. **Se laver les mains et mettre le linge « au sale »** au fur et à mesure du côté « sale ».
4. **Ne jamais mettre en contact le « propre » et le « sale ».**

Transmission

Transmettre les informations :
- **les tâches qui ont été effectuées ;**
- **le déroulement de l'aide à la toilette et à l'habillage** (coopération de l'enfant ou non par exemple) ;
- **la date et l'heure** : le matin vers 10 heures ;
- **les observations éventuelles.**

Critères d'évaluation

- **L'organisation et l'ergonomie** : mise à disposition du matériel et des produits sur le plan de travail.
- **L'hygiène** : respect du circuit propre/sale ; utilisation de l'eau du robinet pour le visage sans savon.
- **Le confort** : aide adaptée aux possibilités de l'enfant et en position debout.
- **La sécurité** : surveillance de l'enfant.
- **L'économie** : pas d'utilisation excessive de savon, ne pas faire couler l'eau inutilement.
- **La communication** : importance de la communication orale avec Tristan tout au long de la tâche.
- **La qualité du résultat** : pas de peinture sur le corps ; vêtements propres ; sollicitation de l'enfant adaptée à son degré d'autonomie ; qualité et pertinence des explications.

La 2e TÂCHE : le soin de la griffure de Tristan

Analyse de la situation

Qui êtes-vous ? Un(e) assistant(e) maternel(le) agréé(e).
Où ? À votre domicile.
À quel besoin de l'enfant répondez-vous ? Besoins d'hygiène et de sécurité.
Quel problème devez-vous résoudre ? Soigner la griffure à l'oreille droite de Tristan.
Qui est l'enfant ? Tristan, 28 mois.
Quel est le moment de la journée ? Le matin vers 10 h 00.

Objectifs

Éviter une aggravation de la plaie.

Préparation

1. **Faire asseoir Tristan et le rassurer.**
2. **Se laver les mains.**

❸ **Préparer le matériel et les produits** : un plateau, une compresse ou un gant de toilette, une poubelle, un antiseptique non coloré (avec autorisation des parents).
❹ **Mettre des gants jetables.**

Exécution

❶ **Laver la plaie à l'eau et au savon** en allant de l'intérieur vers l'extérieur de la plaie.
❷ **Appliquer l'antiseptique** soit par vaporisation, soit avec une compresse (de l'intérieur vers l'extérieur), seulement si accord des parents et prescription médicale.
❸ **Protéger la plaie** avec un pansement si nécessaire.
❹ **Transmission en fin de journée auprès des parents** : signalement de la griffure et vérification du vaccin antitétanique.

ENTRAÎNEMENT 9

Les deux tâches à effectuer :
– effectuer la toilette des mains et du visage de Marc ;
– agir face à la plaie de Marc.

La 1re tâche : la toilette des mains et du visage de Marc

Analyse de la situation

Qui êtes-vous ? Un(e) assistant(e) maternel(le) agréé(e).
Où ? À votre domicile.
À quel besoin de l'enfant répondez-vous ? Besoins d'hygiène et de confort.
Quelles sont les tâches que vous allez effectuer ? Une aide à la toilette des mains et du visage.
Qui est l'enfant ? Marc, 2 ans et demi.
Quel est le moment de la journée ? L'après-midi, après la sieste.

Objectifs

Assurer l'hygiène, la propreté de la peau et favoriser le développement de l'autonomie.

Matériels et produits

Une serviette, un gant de toilette, un savon doux.

Préparation

❶ **Porter une tenue adaptée.**
❷ **Se laver les mains.**
❸ **Préparer le lieu**, fermer les fenêtres.
❹ **Préparer le matériel et les produits.**

Exécution

1. **Prévenir** l'enfant. **Utiliser un tabouret** pour que l'enfant soit à hauteur du lavabo.
2. **Nettoyer le visage ; faire participer Marc,** lui dire ce qu'il doit faire :
   - mouiller le gant de toilette (eau du robinet) ;
   - essorer le gant dans le lavabo ;
   - nettoyer les yeux, le front, les ailes du nez, les joues, le menton, la bouche et le nez.
3. **Nettoyer les mains**, soit avec le gant de toilette mouillé et imprégné d'une dose de savon, soit directement sous l'eau du robinet avec du savon.
4. **Sécher le visage** et **les mains.**
5. **Installer l'enfant** en sécurité.

Rangement et nettoyage

1. **Ranger le lieu** : ranger les produits sortis, les serviettes…
2. **Nettoyer et désinfecter** le matériel et le plan de travail.
3. **Se laver les mains.**
4. **Mettre le linge « au sale »** au fur et à mesure du côté sale ; **ne jamais mettre en contact le « propre » et le « sale ».**

Transmission

Transmettre les informations :
- **les tâches qui ont été effectuées** ;
- **le déroulement de l'aide à la toilette** (coopération de l'enfant ou non par exemple) ;
- **la date et l'heure** ;
- **les observations éventuelles.**

Critères d'évaluation

- **L'organisation et l'ergonomie** : mise à disposition du matériel et des produits sur le plan de travail.
- **L'hygiène** : respect du circuit propre/sale ; utilisation de l'eau du robinet pour le visage sans savon.
- **Le confort** : utilisation d'un tabouret pour que l'enfant soit à hauteur du lavabo.
- **La sécurité** : bon maintien de l'enfant pour éviter les chutes.
- **L'économie** : pas d'utilisation excessive de savon, ne pas faire couler l'eau inutilement.
- **La communication** : importance de la communication orale avec l'enfant tout au long de la tâche.
- **La qualité du résultat** : toilette correcte de l'enfant ; sollicitation de l'enfant en fonction de son degré d'autonomie ; qualité et pertinence des explications dans l'apprentissage des gestes.

La 2e tâche : le soin d'une plaie

Analyse de la situation

Qui êtes-vous ? Un(e) assistant(e) maternel(le) agréé(e).
Où ? À votre domicile (retour du parc).
À quel besoin de l'enfant répondez-vous ? Besoins d'hygiène et de sécurité.
Quel problème devez-vous résoudre ? Soigner la plaie au genou droit de Marc.
Qui est l'enfant ? Marc, 2 ans et demi.
Quel est le moment de la journée ? L'après-midi, après la sieste.

Objectif

Éviter une aggravation de la plaie.

Préparation

1. **Faire asseoir et rassurer Marc.**
2. **Se laver les mains.**
3. **Préparer le matériel et les produits** : un plateau, une compresse ou gant de toilette, une poubelle, un antiseptique non coloré (avec autorisation des parents), un pansement.
4. **Mettre des gants jetables.**

Exécution

1. **Laver la plaie** à l'eau et au savon en allant de l'intérieur vers l'extérieur de la plaie.
2. **Appliquer l'antiseptique** soit par vaporisation, soit avec une compresse (de l'intérieur vers l'extérieur), seulement si accord des parents et prescription médicale.
3. **Protéger la plaie** avec un pansement.
4. **Transmission en fin de journée auprès des parents**, signalement de la plaie et vérification du vaccin antitétanique.

ENTRAÎNEMENT 10

Les deux tâches à effectuer :
– réaliser le change de Sara puis l'installer pour la sieste du matin ;
– agir en conséquence face à la brûlure d'Antoine.

La 1re tâche : le change de Sara et l'installation pour la sieste du matin

Analyse de la situation

Qui êtes-vous ? Un(e) assistant(e) maternel(le) agréé(e).
Où ? À votre domicile.
À quel besoin de l'enfant répondez-vous ? Besoins d'hygiène et de confort.
Quelles sont les tâches que vous allez effectuer ? Un change et un coucher pour la sieste.
Qui est l'enfant ? Sara, 10 mois.
Quel est le moment de la journée ? Le matin.

Objectif

Assurer le confort, l'hygiène, le bien-être de l'enfant et prévenir les érythèmes fessiers.

Matériels et produits

Un matelas de change, une baignoire (point d'eau), une poubelle, une corbeille de linge sale, un thermomètre, une serviette, un gant de toilette (ou lingettes jetables à domicile), du papier toilette, un savon doux, une couche adaptée à l'âge de l'enfant, un jouet ou le doudou, un body de rechange si nécessaire, une turbulette pour le coucher, une lavette, un détergent désinfectant.

Préparation

1. **Porter une tenue adaptée.**
2. **Se laver les mains.**
3. **Préparer le lieu, fermer les fenêtres.**
4. **Préparer le matériel et les produits.**

Exécution

1. **Prévenir** Sara.
2. **Déshabiller le bas** du corps de Sara (déboutonner le bas ; si body, le remonter sur l'abdomen de l'enfant en le roulant ; si le bas est sale, le mettre dans la corbeille de linge sale).
3. **Essuyer le siège** avec les parties propres de la couche ou avec du papier toilette.
4. **Ôter la couche** sale en la repliant et la jeter à la poubelle (garder une main sur Sara).
5. **Savonner le siège** de Sara : l'abdomen ; les cuisses et les plis de l'aine ; les organes génitaux (du pubis vers l'anus, en s'arrêtant avant) ; le bas du dos ; les fesses, puis la région anale.
6. **Rincer à l'eau** dans le même ordre (avec le gant de toilette).
7. **Sécher** en tapotant et en insistant dans les plis.
8. **Mettre la couche propre** : fixer les adhésifs et passer deux doigts au niveau de l'abdomen et des cuisses pour vérifier si ce n'est pas trop serré.
9. **Rhabiller** Sara.
10. **Mettre la turbulette** et **l'installer au lit.**

Rangement et nettoyage

1. **Ranger la salle de bains** : ranger les produits sortis, le matelas, le thermomètre…
2. **Ne jamais mettre en contact le « propre » et le « sale » ; mettre le linge « au sale »** au fur et à mesure du côté sale ; **mettre la serviette au sale.**
3. **Nettoyer et désinfecter** : le matériel et le plan de travail (matelas de change et baignoire).
4. **Se laver les mains.**

Transmission

Transmettre les informations :
- **les tâches qui ont été effectuées** : change de Sara et coucher pour la sieste ;
- **le déroulement du change** (communication de l'enfant ou non) ;
- **la date et l'heure** : matin ;
- **les observations éventuelles.**

Critères d'évaluation

- **L'organisation et l'ergonomie** : mise à disposition du matériel, des produits, et des vêtements de rechange sur le plan de travail, choix du change couché.
- **L'hygiène** : respect du circuit propre/sale.

- **Le confort** : choix de la couche adaptée à l'âge de Sara, à son poids ; choix des vêtements adaptés à la saison, à la température, à l'activité prévue.
- **La sécurité** : bon maintien de Sara pour éviter les chutes ; pas d'absence, ni d'éloignement du plan de travail.
- **L'économie** : respect des doses pour l'utilisation des produits (savon, détergent...).
- **La communication** : communication orale avec Sara tout au long de la tâche et contact des mains favorisé.
- **La qualité du résultat** : couche propre, habillage correct de Sara (vêtements bien boutonnés, enfilés dans le bon sens...).

La 2e tâche : le soin de la brûlure d'Antoine

Analyse de la situation

Qui êtes-vous ? Un(e) assistant(e) maternel(le) agréé(e).
Où ? À votre domicile.
À quel besoin de l'enfant répondez-vous ? Besoins d'hygiène et de sécurité.
Quel problème devez-vous résoudre ? Éviter l'aggravation de la brûlure.
Qui est l'enfant ? Antoine, 2 ans et demi (brûlure légère au coude droit).
Quel est le moment de la journée ? Dans la matinée.

Objectif

Arroser pour éteindre et refroidir la brûlure.

Préparation

1. **Localiser la brûlure.**
2. **Guider Antoine vers un point d'eau** tout en le rassurant (dans la cuisine).
3. **Le faire asseoir, si nécessaire.**

Exécution

1. **Arroser à l'eau froide** courante et à faible pression la partie brûlée pendant environ 5 minutes.
2. **Sécher délicatement en tapotant** et **surveiller la brûlure**, rassurer Antoine.
3. **Transmission en fin de journée auprès des parents,** signaler la brûlure.

ENTRAÎNEMENT 11

Les deux tâches à effectuer :
– changer les vêtements d'Arthur avant de le coucher ;
– administrer le médicament à Arthur selon la prescription du médecin avant le repas de midi.

La 1re tâche : le change des vêtements d'Arthur avant de le coucher

Analyse de la situation

Qui êtes-vous ? Un(e) assistant(e) maternel(le) agréé(e).
Où ? À votre domicile.
À quel besoin de l'enfant répondez-vous ? Besoins d'hygiène et de confort.
Quelles sont les tâches que vous allez effectuer ? Un change de vêtements et un coucher.
Qui est l'enfant ? Arthur, 4 mois (a régurgité son biberon).
Quel est le moment de la journée ? Avant le coucher pour une sieste (après 8 heures du matin).

Objectif

Assurer le confort, l'hygiène, le bien-être de l'enfant et prévenir les érythèmes fessiers.

Matériels et produits

Un matelas de change, une baignoire (point d'eau), une poubelle, une corbeille de linge sale, un thermomètre, une serviette, un gant de toilette (ou lingettes jetables à domicile), du papier toilette, un savon doux, une couche adaptée à l'âge de l'enfant, un jouet ou le doudou, un body de rechange, une turbulette pour le coucher, une lavette, un détergent désinfectant.

Préparation

❶ **Porter une tenue adaptée.**
❷ **Se laver les mains.**
❸ **Préparer le lieu**, fermer les fenêtres.
❹ **Préparer le matériel et les produits.**

Exécution

❶ **Prévenir** Arthur.
❷ **Déshabiller** Arthur :
- enlever le vêtement ou la grenouillère ; déboutonner le bas du body ;
- effectuer le change, si nécessaire ;
- ôter le haut (du body) : faire passer les bras, élargir l'encolure pour faire passer la tête (attention à ne pas l'étrangler) ;
- nettoyer le haut du corps et le cou (présence de lait régurgité) ;
- couvrir l'enfant.

❸ **Habiller** Arthur :
- enfiler le haut du body en élargissant le col ;

– faire passer les mains dans chaque manche ;
– attacher le body en bas.

4. **Mettre la turbulette** et **l'installer au lit.**

Rangement et nettoyage

1. **Ranger la salle de bains** : ranger les produits sortis, le matelas, le thermomètre…
2. **Ne jamais mettre en contact le « propre » et le « sale » ; mettre le linge « au sale »** au fur et à mesure du côté sale ; **mettre la serviette au sale.**
3. **Nettoyer et désinfecter** : le matériel et le plan de travail (matelas de change et baignoire).
4. **Se laver les mains.**

Transmission

Transmettre les informations :
– **les tâches qui ont été effectuées** : change des vêtements d'Arthur et coucher ;
– **le déroulement et l'état de santé** (communication de l'enfant ou non) ;
– **la date et l'heure** : matin (après 8 heures) ;
– **les observations éventuelles.**

Critères d'évaluation

– **L'organisation et l'ergonomie** : mise à disposition du matériel, des produits et des vêtements de rechange sur le plan de travail, choix du change couché.
– **L'hygiène** : respect du circuit propre/sale et toilette du haut du corps suite à la régurgitation.
– **Le confort** : choix de la couche adaptée à l'âge d'Arthur, à son poids ; change des vêtements souillés et choix des vêtements adaptés à la sieste, à la température.
– **La sécurité** : bon maintien d'Arthur pour éviter les chutes ; pas d'absence, ni d'éloignement du plan de travail.
– **L'économie** : respect des doses pour l'utilisation des produits (savon, détergent…).
– **La communication** : communication orale avec Arthur tout au long de la tâche et contact des mains favorisé.
– **La qualité du résultat** : couche propre, habillage correct d'Arthur (vêtements bien boutonnés, enfilés dans le bon sens…), vêtements d'Arthur propres.

La 2e tâche : administrer le médicament à Arthur

Analyse de la situation

Qui êtes-vous ? Une assistant(e) maternel(le) agréé(e).
Où ? À votre domicile.
À quel besoin de l'enfant répondez-vous ? Besoins d'hygiène et de sécurité.
Quel problème devez-vous résoudre ? Agir sur la fièvre d'Arthur.
Qui est l'enfant ? Arthur, 4 mois.
Quel est le moment de la journée ? Après la sieste et avant le repas de midi.

Objectif

Faire baisser la température de l'enfant et respecter la prescription médicale.

Préparation

1. **Préparer l'ordonnance** et la lire.
2. **Mettre à disposition le Doliprane buvable** et vérifier son utilisation (sortir la seringue).

❸ Installer Arthur sur un transat.

Exécution

❶ **Prévenir Arthur.**
❷ **Prélever avec la seringue une dose pour 5 kg de Doliprane (en tirant le piston).**
❸ **Faire boire la dose à Arthur** (pure ou diluée dans une petite quantité de boisson) en se plaçant face à lui (pousser lentement le piston de la seringue) et en le rassurant.
❹ **Vérifier qu'il ne recrache pas le médicament.**
❺ **Nettoyer et ranger la seringue et le Doliprane.**
❻ **Transmission en fin de journée auprès des parents,** signaler l'heure de prise du Doliprane.

ENTRAÎNEMENT 12

Les deux tâches à effectuer :
– effectuer le change d'Antoine ;
– effectuer le soin de la plaie de Léa qui a trébuché et s'est cognée légèrement la tête, elle saigne au niveau du front.

La 1re tâche : le change d'Antoine

Analyse de la situation

Qui êtes-vous ? Un(e) assistant(e) maternel(le) agréé(e) salarié(e) de la crèche familiale de votre commune.
Où ? À votre domicile.
À quel besoin de l'enfant répondez-vous ? Besoins d'hygiène et de confort.
Quelles sont les tâches que vous allez effectuer ? Un change.
Qui est l'enfant ? Antoine, 6 mois (selles diarrhéiques et joues rouges).
Quel est le moment de la journée ? L'après-midi, après le goûter.

Objectifs

Assurer le confort, l'hygiène, le bien-être de l'enfant et prévenir les érythèmes fessiers.

Matériels et produits

Un matelas de change, une baignoire (point d'eau), une poubelle, une corbeille de linge sale, un thermomètre, une serviette, un gant de toilette (ou lingettes jetables à domicile), du papier toilette, un savon doux, une couche adaptée à l'âge de l'enfant, un jouet ou le doudou, des vêtements de rechange si nécessaire, une lavette, un détergent désinfectant.

Préparation

❶ **Porter une tenue adaptée.**
❷ **Se laver les mains.**

3. **Préparer le lieu**, fermer les fenêtres.
4. **Préparer le matériel et les produits.**

Exécution

1. **Prévenir** Antoine.
2. **Déshabiller le bas** du corps d'Antoine (déboutonner le bas ; si body, le remonter sur l'abdomen de l'enfant en la roulant ; si le bas est sale, le mettre dans la corbeille de linge sale), enlever les vêtements du haut du corps s'ils sont sales ; **mettre les vêtements sales** dans la corbeille de linge sale.
3. **Essuyer le siège** avec les parties propres de la couche ou avec du papier toilette.
4. **Ôter la couche** sale en la repliant et la jeter à la poubelle (garder une main sur Antoine).
5. **Savonner le siège** d'Antoine : l'abdomen ; les cuisses et les plis de l'aine ; les organes génitaux (du pubis vers l'anus, en s'arrêtant avant) ; le bas du dos ; les fesses, puis la région anale.
6. **Rincer à l'eau** dans le même ordre (avec le gant de toilette).
7. **Sécher** en tapotant et en insistant dans les plis.
8. **Mettre la couche propre** : fixer les adhésifs et passer deux doigts au niveau de l'abdomen et des cuisses pour vérifier si ce n'est pas trop serré.
9. **Rhabiller** Antoine.
10. **L'installer en sécurité** : sur un transat.

Rangement et nettoyage

1. **Ranger la salle de bains** : ranger les produits sortis, le matelas, le thermomètre…
2. **Ne jamais mettre en contact le « propre » et le « sale » ; mettre le linge « au sale »** au fur et à mesure du côté sale ; **mettre la serviette au sale.**
3. **Nettoyer et désinfecter** : le matériel et le plan de travail (matelas de change et baignoire).
4. **Se laver les mains.**

Transmission

Transmettre les informations :
- **les tâches qui ont été effectuées** : change d'Antoine ;
- **le déroulement du change** (communication de l'enfant ou non) ;
- **la date et l'heure** : après-midi, après le goûter ;
- **les observations éventuelles** : selles diarrhéiques et joues rouges.

Critères d'évaluation

- **L'organisation et l'ergonomie** : mise à disposition du matériel, des produits et des vêtements de rechange sur le plan de travail, choix du change couché.
- **L'hygiène** : respect du circuit propre/sale.
- **Le confort** : choix de la couche adaptée à l'âge d'Antoine, à son poids ; choix des vêtements adaptés à la saison, à la température.
- **La sécurité** : bon maintien d'Antoine pour éviter les chutes ; pas d'absence, ni d'éloignement du plan de travail.
- **L'économie** : pas de change de vêtements si cela n'est pas demandé (ou pas nécessaire), respect des doses pour l'utilisation des produits (savon, détergent…).
- **La communication** : communication orale avec Antoine tout au long de la tâche et contact des mains favorisé.

– **La qualité du résultat** : siège propre, couche propre, habillage correct d'Antoine (vêtements bien boutonnés, enfilés dans le bon sens…).

La 2e tâche : le soin de la plaie de Léa

Analyse de la situation

Qui êtes-vous ? Un(e) assistant(e) maternel(le) agréé(e).
Où ? À votre domicile.
À quel besoin de l'enfant répondez-vous ? Besoins d'hygiène et de sécurité.
Quel problème devez vous résoudre ? Soigner la plaie d'un enfant.
Qui est l'enfant ? Léa, 2 ans et demi.
Quel est le moment de la journée ? L'après-midi, après le goûter.

Objectif

Éviter une aggravation de la plaie.

Préparation

1. **Faire asseoir et rassurer Léa.**
2. **Se laver les mains.**
3. **Préparer le matériel et les produits** : un plateau, une compresse ou un gant de toilette, une poubelle, un antiseptique non coloré (avec autorisation des parents), un pansement.
4. **Mettre des gants jetables.**

Exécution

1. **Laver la plaie** à l'eau et au savon en allant de l'intérieur vers l'extérieur de la plaie.
2. **Appliquer l'antiseptique** soit par vaporisation, soit avec une compresse (de l'intérieur vers l'extérieur de la plaie), seulement si accord des parents et prescription médicale.
3. **Protéger la plaie** avec un pansement.
4. **Transmission en fin de journée auprès des parents**, signalement de la plaie et vérification du vaccin antitétanique.

ENTRAÎNEMENT 13

Les deux tâches à effectuer :
– effectuer le bain d'Alex ;
– agir devant la brûlure d'Amandine.

La 1re tâche : le bain d'Alex

Analyse de la situation

Qui êtes-vous ? Un(e) assistant(e) maternel(le) agréé(e).
Où ? À votre domicile.
À quel besoin de l'enfant répondez-vous ? Besoins d'hygiène et de confort.

Quelles sont les tâches que vous allez effectuer ? Un bain et un habillage (Alex a vomi et ses vêtements sont souillés).
Qui est l'enfant ? Alex, 4 mois, qui a vomi son biberon.
Quel est le moment de la journée ? Le matin, après son arrivée.

Objectif

Assurer le confort, l'hygiène, le bien-être de l'enfant et prévenir les érythèmes fessiers.

Matériels et produits

Un matelas de change, une baignoire, une poubelle, une corbeille de linge sale, un thermomètre pour le bain, deux serviettes, un gant de toilette, un savon doux, une couche adaptée à l'âge de l'enfant, une brosse à cheveux, un jouet ou le doudou, des vêtements propres, une lavette, un détergent désinfectant.

Préparation

❶ **Porter une tenue adaptée.**
❷ **Se laver les mains.**
❸ **Préparer le lieu,** fermer les fenêtres.
❹ **Préparer le matériel et les produits** : remplir la baignoire d'eau à une température de 38 °C (l'eau sera à 37 °C pour le bain ; le niveau d'eau ne doit pas dépasser les 2/3 de la baignoire pour nourrisson).

Exécution

❶ **Prévenir Alex** installé dans le transat et vérifier la température de l'eau.
❷ **Déshabiller Alex** : s'il a des selles, faire une toilette du siège.
❸ **Laver Alex :**
- mouiller le gant dans l'eau du bain, l'essorer et mettre une dose de savon (possibilité d'utiliser les mains pour savonner) ;
- laver la tête, les plis du cou, les aisselles, les bras, les mains, le thorax, le dos, l'abdomen, les pieds, les jambes, les cuisses, les plis inguinaux, et le siège (*cf.* le change) ;
- poser le gant du côté « sale » et se rincer les mains.

❹ **Rincer Alex dans le bain :**
- le plonger lentement dans le bain et le maintenir fermement (d'abord les fesses et les jambes) ;
- lâcher les pieds d'Alex en le maintenant correctement sous le bras avec l'autre main ;
- rincer avec la main libre sa tête, les plis du cou.

❺ **Sortir Alex du bain :**
- le mettre sur la serviette sur le matelas de change (une main sous le bras d'Alex et l'autre main attrapant les pieds) ;
- l'envelopper dans la serviette.

❻ **Sécher** en tapotant et en insistant sur les plis.
❼ **Mettre la couche propre** : fixer les adhésifs et passer deux doigts au niveau de l'abdomen et des cuisses pour vérifier si ce n'est pas trop serré.
❽ **Rhabiller Alex.**
❾ **L'installer en sécurité** : sur le transat.

Rangement et nettoyage

❶ **Ranger la salle de bains** : ranger les produits sortis, le matelas, le thermomètre…

❷ **Ne jamais mettre en contact le « propre » et le « sale » ; mettre le linge « au sale »** au fur et à mesure du côté sale ; **mettre la serviette au sale.**
❸ **Nettoyer et désinfecter** : le matériel et le plan de travail (matelas de change et baignoire).
❹ **Se laver les mains.**

Transmission

Transmettre les informations :
- **les tâches qui ont été effectuées** : le bain d'Alex ;
- **la date et l'heure :** le matin après 8 heures ;
- **les observations éventuelles** : a vomi son biberon et souillé ses vêtements après son arrivée ce matin.

Critères d'évaluation

- **L'organisation et l'ergonomie** : mise à disposition du matériel, des produits et des vêtements de rechange sur le plan de travail, choix du change couché.
- **L'hygiène** : respect du circuit propre/sale ; change des vêtements souillés.
- **Le confort** : choix de la couche adaptée à l'âge d'Alex, à son poids ; choix des vêtements adaptés à la saison, à la température, à l'activité prévue.
- **La sécurité** : bon maintien d'Alex pour éviter les chutes ; pas d'absence, ni d'éloignement du plan de travail.
- **L'économie** : respect des doses pour l'utilisation des produits (savon, détergent…).
- **La communication** : communication orale avec Alex tout au long de la tâche et contact des mains favorisé.
- **La qualité du résultat** : toilette correcte, couche propre, habillage correct d'Alex (vêtements bien boutonnés, enfilés dans le bon sens…) et vêtements propres.

La 2e tâche : le soin de la brûlure d'Amandine

Analyse de la situation

Qui êtes-vous ? Un(e) assistant(e) maternel(le) agréé(e).
Où ? À votre domicile.
À quel besoin de l'enfant répondez-vous ? Besoins d'hygiène et de sécurité.
Quel problème devez-vous résoudre ? Éviter l'aggravation de la brûlure.
Qui est l'enfant ? Amandine, 3 ans.
Quel est le moment de la journée ? 11 h 45, au moment du repas.

Objectif

Arroser pour éteindre et refroidir la brûlure.

Préparation

❶ **Localiser la brûlure.**
❷ **Guider Amandine** vers un point d'eau tout en la rassurant.
❸ **La faire asseoir**, si nécessaire.

Exécution

❶ **Arroser à l'eau froide** courante et à faible pression la partie brûlée (coude droit) pendant environ 5 minutes.
❷ **Sécher délicatement en tapotant et surveiller la brûlure**, rassurer Amandine.
❸ **Transmission en fin de journée auprès des parents**, signaler la brûlure.

ENTRAÎNEMENT 14

Les deux tâches à effectuer :
– aider Julie pour sa toilette du visage et des mains, en vue du goûter ;
– réagir face à l'étouffement de Julie.

La 1re tâche : l'aide à la toilette des mains et du visage de Julie

Analyse de la situation

Qui êtes-vous ? Un(e) assistant(e) maternel(le) agréé(e) au sein d'une crèche familiale.
Où ? À votre domicile.
À quel besoin de l'enfant répondez-vous ? Besoins d'hygiène et de confort.
Quelles sont les tâches que vous allez effectuer ? Une aide à la toilette des mains et du visage.
Qui est l'enfant ? Julie, 3 ans.
Quel est le moment de la journée ? 16 heures, avant le goûter.

Objectif

Assurer l'hygiène, la propreté de la peau et favoriser le développement de l'autonomie.

Matériels et produits

Une serviette, un gant de toilette, un savon doux.

Préparation

1. **Porter une tenue adaptée.**
2. **Se laver les mains.**
3. **Préparer le lieu**, fermer les fenêtres.
4. **Préparer le matériel et les produits.**

Exécution

1. **Prévenir** Julie.
2. **Nettoyer le visage ; faire participer Julie,** lui dire ce qu'elle doit faire :
   - mouiller le gant de toilette (eau du robinet) ;
   - essorer le gant dans le lavabo ;
   - nettoyer les yeux, le front, les ailes du nez, les joues, le menton, la bouche et le nez.
3. **Nettoyer les mains**, soit avec le gant de toilette mouillé et imprégné d'une dose de savon, soit directement sous l'eau du robinet avec du savon.
4. **Sécher le visage** et **les mains.**
5. **Installer l'enfant** en sécurité.

Rangement et nettoyage

1. **Ranger le lieu** : ranger les produits sortis, les serviettes…
2. **Nettoyer et désinfecter** : le matériel et le plan de travail.
3. Se laver les mains et **mettre le linge « au sale »** au fur et à mesure du côté sale.
4. **Ne jamais mettre en contact le « propre » et le « sale ».**

Transmission

Transmettre les informations :
- **les tâches qui ont été effectuées ;**
- **le déroulement de l'aide à la toilette** (coopération de l'enfant ou non par exemple) ;
- **la date et l'heure ;**
- **les observations éventuelles.**

Critères d'évaluation

- **L'organisation et l'ergonomie** : mise à disposition du matériel et des produits sur le plan de travail.
- **L'hygiène** : respect du circuit propre/sale ; utilisation de l'eau du robinet pour le visage (pas de savon).
- **Le confort** : utilisation d'un tabouret pour que l'enfant soit à hauteur du lavabo.
- **La sécurité** : bon maintien de l'enfant pour éviter les chutes.
- **L'économie** : pas d'utilisation excessive de savon, ne pas faire couler l'eau inutilement.
- **La communication** : importance de la communication orale avec l'enfant tout au long de la tâche.
- **La qualité du résultat** : toilette correcte de l'enfant ; sollicitation de l'enfant en fonction de son degré d'autonomie ; qualité et pertinence des explications dans l'apprentissage des gestes.

La 2e tâche : agir face à l'étouffement de Julie

Analyse de la situation

Qui êtes-vous ? Un(e) assistant(e) maternel(le) agréé(e).
Où ? À votre domicile.
À quel besoin de l'enfant répondez-vous ? Besoins de sécurité.
Quel problème devez-vous résoudre ? Agir face à l'étouffement de Julie.
Qui est l'enfant ? Julie, 3 ans.
Quel est le moment de la journée ? À 16 heures, pendant le goûter.

Objectif

Désobstruer les voies aériennes de Julie.

Préparation

❶ **Identifier le type d'obstruction.**

❷ En cas d'obstruction partielle, il faut **mettre au repos et prendre un avis médical.**

❸ En cas d'obstruction totale (aucun son ne sort), **il faut agir.**

Exécution

❶ **Donner 1 à 5 claques vigoureuses dans le dos** de Julie entre ses deux omoplates.

❷ Si les claques dans le dos sont inefficaces, **réaliser des compressions abdominales** pour un enfant de plus de 1 an (méthode d'Heimelich) :
- se placer derrière Julie, debout ou accroupi ;

– placer le poing d'une main au-dessous du sternum de Julie, l'autre main enveloppe le poing.

❸ **Tirer le poing en le ramenant à vous.**

❹ **Recommencez la manœuvre jusqu'à 5 fois si nécessaire** ; si l'obstruction persiste, il faut recommencer les claques et ainsi de suite.

❺ Après la désobstruction, il faut **rassurer Julie, surveiller son état et prendre un avis médical.**

❻ **Transmission auprès des parents.**

ENTRAÎNEMENT 15

Les deux tâches à effectuer :
– effectuer le change de Mathieu au retour du parc ;
– repérer les signes de pédiculose chez Christelle et transmettre les informations.

La 1re tâche : le change de Mathieu

Analyse de la situation

Qui êtes-vous ? Un(e) assistant(e) maternel(le) agréé(e).
Où ? À votre domicile.
À quel besoin de l'enfant répondez-vous ? Besoins d'hygiène et de confort.
Quelles sont les tâches que vous allez effectuer ? Un change.
Qui est l'enfant ? Mathieu, 8 mois (rouge et « grognon »).
Quel est le moment de la journée ? Fin d'après-midi en rentrant du parc.

Objectif

Assurer le confort, l'hygiène, le bien-être de l'enfant et prévenir les érythèmes fessiers.

Matériels et produits

Un matelas de change, une baignoire (point d'eau), une poubelle, une corbeille de linge sale, un thermomètre, une serviette, un gant de toilette (ou lingettes jetables à domicile), du papier toilette, un savon doux, une couche adaptée à l'âge de l'enfant, un jouet ou le doudou, des vêtements de rechange si nécessaire, une lavette, un détergent désinfectant.

Préparation

❶ **Porter une tenue adaptée.**
❷ **Se laver les mains.**
❸ **Préparer le lieu**, fermer les fenêtres.
❹ **Préparer le matériel et les produits.**

Exécution

❶ **Prévenir** Mathieu.
❷ **Déshabiller le bas** du corps de Matthieu (déboutonner le bas ; si body, le remonter

sur l'abdomen de l'enfant en la roulant ; si le bas est sale, le mettre dans la corbeille de linge sale).

3. **Essuyer le siège** avec les parties propres de la couche ou avec du papier toilette.
4. **Ôter la couche** sale en la repliant et la jeter à la poubelle (garder une main sur Mathieu).
5. **Savonner le siège** de Mathieu : l'abdomen ; les cuisses et les plis de l'aine ; les organes génitaux (du pubis vers l'anus, en s'arrêtant avant) ; le bas du dos ; les fesses, puis la région anale.
6. **Rincer à l'eau** dans le même ordre (avec le gant de toilette).
7. **Sécher** en tapotant et en insistant dans les plis.
8. **Mettre la couche propre** : fixer les adhésifs et passer deux doigts au niveau de l'abdomen et des cuisses pour vérifier si ce n'est pas trop serré.
9. **Rhabiller** Matthieu légèrement (le laisser en body s'il est chaud).
10. **L'installer en sécurité** : sur le transat.

Rangement et nettoyage

1. **Ranger la salle de bains** : ranger les produits sortis, le matelas, le thermomètre…
2. **Ne jamais mettre en contact le « propre » et le « sale » ; mettre le linge « au sale »** au fur et à mesure du côté sale ; **mettre la serviette au sale.**
3. **Nettoyer et désinfecter** : le matériel et le plan de travail (matelas de change et baignoire).
4. **Se laver les mains.**

Transmission

Transmettre les informations :
- **les tâches qui ont été effectuées** : change de Mathieu ;
- **le déroulement du change** (communication de l'enfant ou non) ;
- **la date et l'heure** : en fin d'après-midi ;
- **les observations éventuelles** : rouge et « grognon ».

Critères d'évaluation

- **L'organisation et l'ergonomie** : mise à disposition du matériel, des produits et des vêtements de rechange sur le plan de travail, choix du change couché.
- **L'hygiène** : respect du circuit propre/sale.
- **Le confort** : choix de la couche adaptée à l'âge de Mathieu, à son poids ; choix des vêtements adaptés à la saison, à la température et à son état (il est rouge).
- **La sécurité** : bon maintien de Mathieu pour éviter les chutes ; pas d'absence, ni d'éloignement du plan de travail.
- **L'économie** : respect des doses pour l'utilisation des produits (savon, détergent…).
- **La communication** : communication orale avec Mathieu tout au long de la tâche et contact des mains favorisé.
- **La qualité du résultat** : couche propre, habillage correct de Matthieu (vêtements bien boutonnés, enfilés dans le bon sens…), vêtements légers.

La 2e tâche : les signes de pédiculose chez Christelle

Analyse de la situation

Qui êtes-vous ? Un(e) assistant(e) maternel(le) agréé(e).
Où ? À votre domicile.
À quel besoin de l'enfant répondez-vous ? Besoins d'hygiène et de sécurité.
Quel problème devez-vous résoudre ? Repérer les signes de pédiculose.

Qui est l'enfant ? Christelle, 4 ans.
Quel est le moment de la journée ? Fin d'après-midi, de retour du parc.

Objectif

Éviter une aggravation de la pédiculose de Christelle et éviter la contamination.

Exécution

1. **Prévenir Christelle** de l'observation de sa tête puisqu'elle se gratte.
2. **Observer le cuir chevelu** de Christelle sans l'alarmer.
3. **Repérer s'il y a des lentes sur les cheveux** (regarder sur les côtés et à la base de la nuque puis sur l'ensemble de la chevelure).
4. **Éloigner Mathieu de Christelle.**
5. **Transmettre aux parents les observations de pédiculose** : conseiller de traiter avec un produit pédiculicide et lenticide, de changer les vêtements de Christelle, de décontaminer le linge de corps et de la literie.

ENTRAÎNEMENT 16

Les deux tâches à effectuer :
– réaliser la toilette du visage d'Étienne ;
– prendre soin de la rougeur des fesses de Jules.

La 1re tâche : la toilette du visage d'Étienne

Analyse de la situation

Qui êtes-vous ? Un(e) assistant(e) maternel(le) agréé(e).
Où ? À votre domicile.
À quel besoin de l'enfant répondez-vous ? Besoins d'hygiène et de confort.
Quelles sont les tâches que vous allez effectuer ? Une toilette du visage.
Qui est l'enfant ? Étienne, 6 mois (très encombré, son nez coule et il tousse beaucoup).
Quel est le moment de la journée ? Vers 16 heures, après le goûter.

Objectif

Assurer l'hygiène, la propreté de la peau et le confort de l'enfant.

Matériels et produits

Un matelas de change, une poubelle, une corbeille de linge sale, une serviette, un gant de toilette et/ou du coton, du sérum physiologique si nécessaire pour les yeux ou le nez, un thermomètre, un jouet ou le doudou, une lavette, un détergent désinfectant, des vêtements propres (si nécessaire).

Préparation

1. Porter une tenue adaptée.
2. Se laver les mains.

❸ **Préparer le lieu**, fermer les fenêtres.
❹ **Préparer le matériel et les produits.**

Exécution

❶ **Prévenir** Étienne.
❷ **Nettoyer les yeux** :
- mouiller le coton ou le gant de toilette (avec de l'eau) ; une main sur le robinet pour faire couler l'eau et une main sur l'abdomen d'Étienne ;
- passer le coton ou le gant de l'angle externe de l'œil vers l'angle interne (du plus propre au plus sale), ou en allant de l'angle interne de l'œil vers l'angle externe (pour ne pas boucher le canal lacrymal) ;
- procéder de la même façon pour l'autre œil (en changeant de coton ou avec un autre côté du gant de toilette) ;
- mettre à la poubelle les cotons au fur et à mesure.

❸ **Nettoyer les oreilles** (si nécessaire) à l'aide de fusettes de coton :
- utiliser une fusette sèche pour l'entrée du conduit auditif ;
- utiliser une fusette mouillée ou un gant mouillé (eau du robinet) pour le pavillon de l'oreille ; répéter le même geste pour l'autre oreille ;
- mettre à la poubelle les fusettes au fur et à mesure.

❹ **Nettoyer le nez** :
- utiliser une fusette de coton humidifiée soit de sérum physiologique soit d'eau du robinet et la faire tourner dans la narine pour récupérer les sécrétions (jeter la fusette dans la poubelle) ;
- changer de fusette et procéder de la même façon.

❺ **Nettoyer le visage** :
- mouiller le coton ou le dos du gant de toilette (une main sur Étienne et une main pour faire couler l'eau) ;
- nettoyer le front, les ailes du nez, les joues, le menton et la bouche (mettre à la poubelle le coton) ;
- sécher le visage avec la serviette en tapotant.

❻ **Installer Étienne en sécurité** : par exemple sur le transat.

Rangement et nettoyage

❶ **Ranger la salle de bains** : ranger les produits sortis.
❷ **Ne jamais mettre en contact le « propre » et le « sale » ; mettre le linge « au sale »** au fur et à mesure du côté sale ; **mettre la serviette au sale.**
❸ **Nettoyer et désinfecter** : le matériel et le plan de travail (matelas de change et baignoire).
❹ **Se laver les mains.**

Transmission

Transmettre les informations le soir aux parents :
- **les tâches qui ont été effectuées** : la toilette du visage d'Étienne ;
- **le déroulement de la toilette** : coopération de l'enfant ou non par exemple ;
- **la date et l'heure** : vers 16 heures, après le goûter ;
- **les observations éventuelles** : encombré, nez qui coule, tousse beaucoup, a vomi.

Critères d'évaluation

- **L'organisation et l'ergonomie** : mise à disposition du matériel, des produits et des

vêtements de rechange sur le plan de travail, choix du change couché.
- **L'hygiène** : respect du circuit propre/sale.
- **Le confort** : nez désobstrué, température adaptée.
- **La sécurité** : bon maintien d'Étienne ; pas d'absence, ni d'éloignement du plan de travail.
- **L'économie** : pas de change de vêtements si cela n'est pas demandé (ou pas nécessaire), respect des doses pour l'utilisation des produits (savon, détergent…).
- **La communication** : communication orale avec Étienne tout au long de la tâche et contact des mains favorisé.
- **La qualité du résultat** : nez propre, vêtements propres.

La 2e tâche : agir face aux rougeurs sur les fesses de Jules

Analyse de la situation

Qui êtes-vous ? Un(e) assistant(e) maternel(le) agréé(e).
Où ? À votre domicile.
À quel besoin de l'enfant répondez-vous ? Besoins d'hygiène, de sécurité et de confort.
Quel problème devez-vous résoudre ? Soin d'un érythème fessier.
Qui est l'enfant ? Jules, 18 mois.
Quel est le moment de la journée ? Lever de la sieste, vers 15 h 30.

Objectif

Éviter une aggravation de l'érythème de Jules.

Préparation

1. **Identifier le type de rougeur.**
2. Lors du change, bien **nettoyer, rincer et bien essuyer le siège.**
3. « **Agir sur les rougeurs** » se fait lors des changes ; la préparation se fait en même temps que la préparation du change ; l'utilisation d'une pommade ou d'un traitement pour érythème fessier ne peut se faire qu'avec l'accord des parents et une ordonnance.

Exécution

1. Suite au change, lorsque le siège est propre, il faut **utiliser une pommade pour érythème fessier.**
2. **Mettre de la pommade sur l'ensemble des rougeurs** (sur le siège).
3. **Refermer la couche** et rhabiller Jules.
4. **Recommencer la manœuvre à chaque change** (en respectant la posologie du médicament) et surveillez l'évolution des rougeurs.
5. **Transmission auprès des parents.**

ENTRAÎNEMENT 17

Les deux tâches à effectuer :
– aider Charline à la toilette des mains et du visage, avant le goûter ;
– agir face à la brûlure de Charline.

La 1re tâche : l'aide à la toilette des mains et du visage de Charline

Analyse de la situation

Qui êtes-vous ? Un(e) assistant(e) maternel(le) agréé(e) rattaché(e) à une crèche familiale.
Où ? À votre domicile.
À quel besoin de l'enfant répondez-vous ? Besoins d'hygiène.
Quelles sont les tâches que vous allez effectuer ? Une aide à la toilette des mains et du visage.
Qui est l'enfant ? Charline, 3 ans.
Quel est le moment de la journée ? Avant le goûter de l'après-midi.

Objectif

Assurer l'hygiène, la propreté de la peau et favoriser le développement de l'autonomie.

Matériels et produits

Une serviette, un gant de toilette, un savon doux.

Préparation

1. **Porter une tenue adaptée.**
2. **Se laver les mains.**
3. **Préparer le lieu**, fermer les fenêtres.
4. **Préparer le matériel et les produits.**

Exécution

1. **Prévenir** l'enfant.
2. **Nettoyer le visage ; faire participer Charline,** lui dire ce qu'elle doit faire :
   - mouiller le gant de toilette (eau du robinet) ;
   - essorer le gant dans le lavabo ;
   - nettoyer les yeux, le front, les ailes du nez, les joues, le menton, la bouche et le nez.
3. **Nettoyer les mains**, soit avec le gant de toilette mouillé et imprégné d'une dose de savon, soit directement sous l'eau du robinet avec du savon.
4. **Sécher le visage** et **les mains.**
5. **Installer l'enfant** en sécurité.

Rangement et nettoyage

1. **Ranger le lieu** : ranger les produits sortis, les serviettes…
2. **Nettoyer et désinfecter** : le matériel et le plan de travail.
3. **Se laver les mains, mettre le linge « au sale »** au fur et à mesure du côté sale.
4. **Ne jamais mettre en contact le « propre » et le « sale ».**

Transmission

Transmettre les informations :
- **les tâches qui ont été effectuées ;**
- **le déroulement de l'aide à la toilette** (coopération de l'enfant ou non par exemple) ;
- **la date et l'heure ;**
- **les observations éventuelles.**

Critères d'évaluation

- **L'organisation et l'ergonomie** : mise à disposition du matériel et des produits sur le plan de travail.
- **L'hygiène** : respect du circuit propre/sale ; utilisation de l'eau du robinet pour le visage sans savon.
- **Le confort** : utilisation d'un tabouret pour que l'enfant soit à hauteur du lavabo.
- **La sécurité** : bon maintien de l'enfant pour éviter les chutes.
- **L'économie** : pas d'utilisation excessive de savon, ne pas faire couler l'eau inutilement.
- **La communication** : importance de la communication orale avec l'enfant tout au long de la tâche.
- **La qualité du résultat** : toilette correcte de l'enfant ; sollicitation de l'enfant en fonction de son degré d'autonomie ; qualité et pertinence des explications dans l'apprentissage des gestes.

La 2e tâche : le soin de la brûlure de Charline

Analyse de la situation

Qui êtes-vous ? Un(e) assistant(e) maternel(le) agréé(e) rattaché(e) à une crèche familiale.
Où ? À votre domicile.
À quel besoin de l'enfant répondez-vous ? Le besoin de sécurité.
Quel problème devez-vous résoudre ? Éviter l'aggravation de la brûlure.
Qui est l'enfant ? Charline, 3 ans.
Quel est le moment de la journée ? L'après-midi, après la sieste.

Objectif

Arroser pour éteindre et refroidir la brûlure.

Préparation

1. **Localiser la brûlure.**
2. **Guider Charline vers un point d'eau** tout en la rassurant.
3. **La faire asseoir,** si nécessaire.

Exécution

1. **Arroser à l'eau** froide courante et à faible pression la partie brûlée (le coude) pendant environ 5 minutes.
2. **Sécher délicatement en tapotant et surveiller la brûlure**, rassurer Charline.
3. **Transmission en fin de journée auprès des parents,** signaler la brûlure.

ENTRAÎNEMENT 18

Les deux tâches à effectuer :
– effectuer la toilette du visage et des mains d'Hugo ;
– agir face au saignement de nez d'Amélie.

La 1re tâche : la toilette du visage et des mains d'Hugo

Analyse de la situation

Qui êtes-vous ? Un(e) assistant(e) maternel(le) agréé(e) rattaché(e) à une crèche familiale.
Où ? À votre domicile.
À quel besoin de l'enfant répondez-vous ? Besoins d'hygiène.
Quelles sont les tâches que vous allez effectuer ? Une aide à la toilette des mains et du visage.
Qui est l'enfant ? Hugo 2,5 ans**.**
Quel est le moment de la journée ? Vers 15 h 30, après la sieste.

Objectif

Assurer l'hygiène, la propreté de la peau et favoriser le développement de l'autonomie.

Matériels et produits

Une serviette, un gant de toilette, un savon doux.

Préparation

1. **Porter une tenue adaptée.**
2. **Se laver les mains.**
3. **Préparer le lieu**, fermer les fenêtres.
4. **Préparer le matériel et les produits.**

Exécution

1. **Prévenir** Hugo.
2. **Nettoyer le visage ; faire participer Hugo**, lui dire ce qu'il doit faire :
   – mouiller le gant de toilette (eau du robinet) ;
   – essorer le gant dans le lavabo ;
   – nettoyer les yeux, le front, les ailes du nez, les joues, le menton, la bouche et le nez.
3. **Nettoyer les mains**, soit avec le gant de toilette mouillé et imprégné d'une dose de savon, soit directement sous l'eau du robinet avec du savon.
4. **Sécher le visage** et **les mains.**
5. **Installer Hugo** en sécurité.

Rangement et nettoyage

1. **Ranger le lieu** : ranger les produits sortis, les serviettes…
2. **Nettoyer et désinfecter** : le matériel et le plan de travail.
3. Se laver les mains, **mettre le linge « au sale »** au fur et à mesure du côté sale.
4. **Ne jamais mettre en contact le « propre » et le « sale ».**

Transmission

Transmettre les informations :
- **les tâches qui ont été effectuées** ;
- **le déroulement de l'aide à la toilette** (coopération de l'enfant ou non par exemple) ;
- **la date et l'heure** ;
- **les observations éventuelles.**

Critères d'évaluation

- **L'organisation et l'ergonomie** : mise à disposition du matériel et des produits sur le plan de travail.
- **L'hygiène** : respect du circuit propre/sale ; utilisation de l'eau du robinet pour le visage sans savon.
- **Le confort** : utilisation d'un tabouret pour que Hugo soit à hauteur du lavabo.
- **La sécurité** : bon maintien de l'enfant pour éviter les chutes.
- **L'économie** : pas d'utilisation excessive de savon, ne pas faire couler l'eau inutilement.
- **La communication** : importance de la communication orale avec l'enfant tout au long de la tâche.
- **La qualité du résultat** : toilette correcte de l'enfant ; sollicitation de l'enfant en fonction de son degré d'autonomie ; qualité et pertinence des explications dans l'apprentissage des gestes.

La 2e tâche : agir sur le saignement de nez d'Amélie

Analyse de la situation

Qui êtes-vous ? Un(e) assistant(e) maternel(le) agréé(e).
Où ? À l'extérieur dans le jardin de la maison.
À quel besoin de l'enfant répondez-vous ? Besoins d'hygiène et de sécurité.
Quel problème devez-vous résoudre ? Arrêter le saignement.
Qui est l'enfant ? Amélie, 2 ans.
Quel est le moment de la journée ? Vers 15 h 30, après la sieste.

Objectif

Arrêter le saignement.

Préparation

1. **Faire asseoir et rassurer Amélie.**
2. **Se laver les mains.**
3. **Mettre des gants jetables.**

Exécution

1. **Comprimer la narine d'Amélie**, tête penchée en avant jusqu'à l'arrêt du saignement (expliquer à Amélie le geste).
2. **Enlever les gants et les jeter.**
3. **Nettoyer les mains et le visage d'Amélie.**
4. **Transmission auprès des parents**, signaler le saignement de nez.

ENTRAÎNEMENT 19

Les deux tâches à effectuer :
– changer les vêtements de Jeanne après les vomissements ;
– prendre la température de Jeanne (38,2 °C) et agir en conséquence.

La 1re tâche : le change des vêtements de Jeanne

Analyse de la situation

Qui êtes-vous ? Un(e) assistant(e) maternel(le) agréé(e).
Où ? À votre domicile.
À quel besoin de l'enfant répondez-vous ? Besoins d'hygiène et de confort.
Quelles sont les tâches que vous allez effectuer ? Un déshabillage et un habillage.
Qui est l'enfant ? Jeanne, 11 mois (grognon et état fébrile, a vomi et a souillé sa robe).
Quel est le moment de la journée ? À 16 heures, après la sieste.

Objectif

Assurer l'hygiène et le confort de l'enfant.

Matériels et produits

Un matelas de change, une poubelle, une corbeille de linge sale, une serviette, un thermomètre, un jouet ou le doudou, une lavette, un détergent désinfectant, des vêtements propres.

Matériels et produits

1. **Porter une tenue adaptée.**
2. **Se laver les mains.**
3. **Préparer le lieu**, fermer les fenêtres.
4. **Préparer le matériel et les produits.**

Exécution

1. **Prévenir** Jeanne.
2. **Déshabiller Jeann** :
   – enlever la robe (déboutonner si nécessaire) ;
   – ôter le haut : faire passer les bras, élargir l'encolure pour faire passer la tête (attention à ne pas l'étrangler si body ou si robe à encolure) ;
   – couvrir l'enfant ;
   – nettoyer le haut du corps et le cou (nettoyer le vomi).
3. **Habiller** Jeanne :
   – enfiler le haut en élargissant le col ;
   – faire passer les mains dans chaque manche ;
   – enfiler le bas.
4. **Installer Jeanne en sécurité** : sur le transat ou dans le parc.

Rangement et nettoyage

1. **Ranger le lieu** : ranger les produits sortis, le matelas, le thermomètre…

❷ **Nettoyer et désinfecter** : le matériel et le plan de travail.
❸ Se laver les mains, **mettre le linge « au sale »** au fur et à mesure du côté.
❹ **Ne jamais mettre en contact le « propre » et le « sale ».**

Transmission

Transmettre les informations :
– **les tâches qui ont été effectuées** ;
– **le déroulement de l'habillage et du déshabillage** (coopération de l'enfant ou non par exemple) ;
– **la date et l'heure** ;
– **les observations éventuelles** (état fébrile, a vomi et souillé sa robe).

Critères d'évaluation

– **L'organisation et l'ergonomie** : mise à disposition du matériel et des vêtements sur le plan de travail, choix de l'habillage assis et allongé à la fois.
– **L'hygiène** : respect du circuit propre/sale.
– **Le confort** : choix des vêtements adaptés à l'âge de Jeanne, à son poids, à la saison, à la température.
– **La sécurité** : bon maintien de Jeanne pour éviter les chutes, pas d'absence, ni d'éloignement du plan de travail.
– **L'économie** : ne sortir que les vêtements nécessaires.
– **La communication** : importance de la communication orale avec Jeanne tout au long de la tâche et contact des mains favorisé.
– **La qualité du résultat** : habillage correct de l'enfant (vêtements bien boutonnés, enfilés dans le bon sens…).

La 2e tâche : la prise de température de Jeanne et les actions en conséquence

Analyse de la situation

Qui êtes-vous ? Un(e) assistant(e) maternel(le) agréé(e).
Où ? À votre domicile.
À quel besoin de l'enfant répondez-vous ? Le besoin de sécurité.
Quel problème devez-vous résoudre ? Surveiller la température corporelle d'un nourrisson et agir.
Qui est l'enfant ? Jeanne, 11 mois
Quel est le moment de la journée ? À 16 heures, après la sieste.

Objectif

Prendre la température de l'enfant pour adopter une conduite adaptée à la situation.

Préparation

❶ **Se laver les mains.**
❷ **Préparer le matériel et les produits** : un thermomètre (rectal ou buccal permettant la prise de température sous les aisselles), une compresse, un embout jetable, une poubelle, un plateau et un détergent/désinfectant.
❸ **Prévenir Jeanne.**

Exécution

1. **Nettoyer le thermomètre.**
2. **Placer Jeanne sur le dos.**
3. **Placer le bout du thermomètre au centre de l'aisselle de Jeanne.**
4. **S'assurer que le bras de Jeanne est bien collé contre son corps.**
5. **Laisser le thermomètre en place** pendant 1 minute environ (attendre le signal sonore).
6. **Retirer le thermomètre et lire la température.**
7. **Nettoyer et désinfecter le thermomètre.**

Variation normale de la température : 34,7 °C à 37,3 °C (ajouter + 0,9 °C).

La température de Jeanne étant de 38,2 °C, il faut la découvrir, la faire boire, faire baisser la fièvre (couvrir au besoin de linges humides et frais).

ENTRAÎNEMENT 20

Les deux tâches à effectuer :
– changer Alicia et l'habiller pour la sortie à la ludothèque ;
– après la sieste, vous installez Alicia sur le tapis d'éveil et allez chercher son biberon chaud dans la cuisine. À votre retour, vous constatez qu'elle devient bleue et n'émet aucun son. Le nez de sa peluche manque. Agir face à la détresse respiratoire d'Alicia.

La 1re tâche : le change et l'habillage pour la sortie d'Alicia

Analyse de la situation

Qui êtes-vous ? Un(e) assistant(e) maternel(le) agréé(e).
Où ? À votre domicile.
À quel besoin de l'enfant répondez-vous ? Besoins d'hygiène et de confort.
Quelles sont les tâches que vous allez effectuer ? Un change et un habillage pour l'extérieur.
Qui est l'enfant ? Alicia, 10 mois.
Quel est le moment de la journée ? 10 heures du matin.

Objectif

Assurer le confort, l'hygiène, le bien-être de l'enfant et prévenir les érythèmes fessiers.

Matériels et produits

Un matelas de change, une baignoire (point d'eau), une poubelle, une corbeille de linge sale, un thermomètre, une serviette, un gant de toilette (ou lingettes jetables à domicile), du papier toilette, un savon doux, une couche adaptée à l'âge de l'enfant, un jouet ou le doudou, des vêtements de rechange si nécessaire, une combinaison ou manteau, une lavette, un détergent désinfectant.

Préparation

1. **Porter une tenue adaptée.**
2. **Se laver les mains.**
3. **Préparer le lieu,** fermer les fenêtres.
4. **Préparer le matériel et les produits.**

Exécution

1. **Prévenir** Alicia.
2. **Enlever le bas des vêtements** et relever **le body ; changer le body et les vêtements si nécessaire** et les mettre dans la corbeille de linge sale.
3. **Ôter la couche** sale en la repliant et la jeter à la poubelle (garder une main sur Alicia).
4. **Savonner le siège** de Alicia : l'abdomen ; les cuisses et les plis de l'aine ; les organes génitaux (du pubis vers l'anus, en s'arrêtant avant) ; le bas du dos ; les fesses, puis la région anale.
5. **Rincer à l'eau** dans le même ordre (avec le gant de toilette).
6. **Sécher** en tapotant et en insistant dans les plis.
7. **Mettre la couche propre** : fixer les adhésifs et passer deux doigts au niveau de l'abdomen et des cuisses pour vérifier si ce n'est pas trop serré.
8. **Rhabiller** Alicia : boutonner le body propre et mettre les vêtements (de rechange si nécessaire) ; mettre le manteau ou une combinaison.
9. **L'installer en sécurité** dans la poussette.

Rangement et nettoyage

1. **Ranger la salle de bains** : ranger les produits sortis, le matelas, le thermomètre…
2. **Ne jamais mettre en contact le « propre » et le « sale » ; mettre le linge « au sale »** au fur et à mesure du côté sale ; **mettre la serviette au sale.**
3. **Nettoyer et désinfecter :** le matériel et le plan de travail (matelas de change et baignoire).
4. **Se laver les mains.**

Transmission

Transmettre les informations :
- **les tâches qui ont été effectuées** : change d'Alicia ;
- **le déroulement du change** (communication de l'enfant ou non) ;
- **la date et l'heure** : 10 heures du matin ;
- **les observations éventuelles.**

Critères d'évaluation

- **L'organisation et l'ergonomie** : mise à disposition du matériel, des produits et des vêtements de rechange sur le plan de travail, choix du change couché.
- **L'hygiène** : respect du circuit propre/sale.
- **Le confort** : choix de la couche adaptée à l'âge d'Alicia, à son poids ; choix des vêtements adaptés à la saison, à la température, à la sortie (manteau ou combinaison).
- **La sécurité** : bon maintien d'Alicia pour éviter les chutes ; pas d'absence, ni d'éloignement du plan de travail.
- **L'économie** : respect des doses pour l'utilisation des produits (savon, détergent…).
- **La communication** : communication orale avec Alicia tout au long de la tâche et contact des mains favorisé.
- **La qualité du résultat** : couche propre, habillage correct d'Alicia.

La 2e tâche : agir face à la détresse respiratoire d'Alicia

Analyse de la situation

Qui êtes-vous ? Un(e) assistant(e) maternel(le) agréé(e).
Où ? À domicile.
À quel besoin de l'enfant répondez-vous ? Besoins de sécurité.
Quel problème devez-vous résoudre ? Désobstruer les voies aériennes.
Qui est l'enfant ? Alicia, 10 mois.
Quel est le moment de la journée ? Après la sieste.

Objectif

Désobstruer les voies aériennes d'Alicia (moins de 1 an).

Préparation

Identifier le type d'obstruction : obstruction totale (aucun son ne sort), il faut agir.

Exécution

1. **Asseyez-vous et couchez Alicia tête penchée en avant**, à califourchon sur votre avant-bras.
2. **Maintenez la tête** avec les doigts de part et d'autre de la bouche.
3. **Donnez 1 à 5 claques vigoureuses dans le dos** d'Alicia entre ses deux omoplates.
4. Si les claques dans le dos sont inefficaces, **réaliser des compressions thoraciques** : placer votre avant-bras contre le dos d'Alicia et votre main sur sa tête.
5. **Effectuez 1 à 5 compressions sur le devant du thorax**, avec deux doigts, au milieu de la poitrine.
6. Si l'obstruction persiste, il faut **recommencer les claques** et ainsi de suite.
7. Après chaque claque dans le dos et chaque compression thoracique, **vérifiez l'intérieur de la bouche.**
8. Après la désobstruction, il faut **rassurer Alicia, surveiller son état et prendre un avis médical.**
9. **Transmission auprès des parents.**

Corrigés des entraînements EP1 – Connaissances techniques

8 QUESTIONS

1 Conditions de rangement des produits d'entretien :

Rangement	Justification
Ranger en hauteur et fermer à clef les produits	Pour qu'ils soient hors de portée des enfants
Fermer hermétiquement les récipients	Pour éviter que les solvants ne s'évaporent

2 Transformations physico-chimiques avec les nutriments :

Protéine		Dextrinisation de l'amidon
Glucide		Fusion
Lipide		Coagulation

3 Règles d'une bonne hygiène bucco-dentaire chez l'enfant :
– brossage des dents ;
– utiliser un dentifrice fluoré ;
– visite chez le dentiste 1 fois/an.

4 Précautions à prendre lors de l'utilisation et du stockage des produits d'entretien :
– mettre des gants ;
– lire l'étiquette ;
– diluer si besoin ;
– laisser agir le temps indiqué sur la notice ;
– rincer si nécessaire ;
– travailler en l'absence d'enfant ;
– ranger dans un local ventilé et en hauteur, hors de portée de l'enfant.

5 Les règles de sécurité à observer lors de l'utilisation des produits d'entretien, vis-à-vis des enfants et de l'opérateur (quatre réponses attendues) :
– laisser le produit dans son emballage d'origine ;
– ne pas mélanger les produits ;
– préférer les produits ayant un bouchon de sécurité ;
– utiliser hors de la présence des enfants ;
– mettre des gants ;
– bien lire et respecter le mode d'emploi.

6 Le schéma de l'appareil digestif.

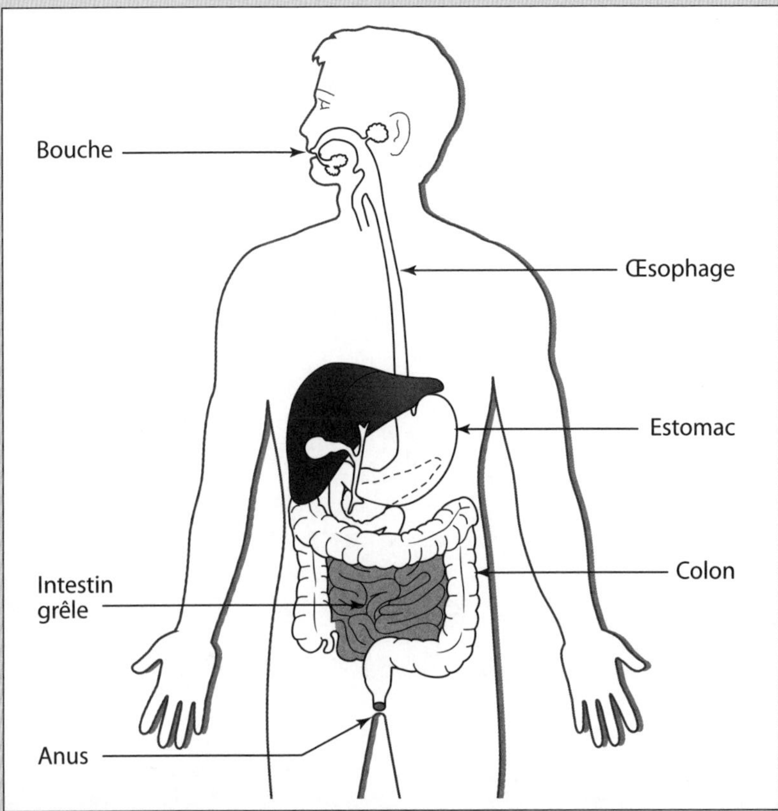

7 Lieu et durée de stockage du lait UHT :
– emballage fermé : jusqu'à la DLUO (date limite d'utilisation optimale) à température ambiante ;
– emballage ouvert : au réfrigérateur entre 2 °C et 4 °C maximum 24 h.

8 Précautions à prendre lors du stockage de la préparation :
– maintenir au chaud pour éviter toute multiplication microbienne ;
– couvrir la préparation pour éviter le dessèchement et la contamination aérienne.

Entraînement à l'EP2

Exercer son activité en accueil collectif

- Tout savoir sur l'EP2
- Connaissances théoriques
- Connaissances pratiques

Tout savoir sur l'EP2

L'épreuve EP2 « Exercer son activité en accueil collectif » est une épreuve écrite d'une **durée d'1 h 30 et de coefficient 4.**

■ Les activités concernées sont :

– inscrire son action dans le réseau des relations enfant-parents-professionnels ;

– exercer son activité en école maternelle ;

– exercer son activité en EAJE et en ACM.

■ Les compétences attendues sont :

– Coopérer avec l'ensemble des acteurs concernés dans un but de cohérence, d'adaptation et de continuité de l'accompagnement

– Établir une relation privilégiée et sécurisante avec l'enfant

– Assurer une assistance pédagogique au personnel enseignant

– Assurer des activités de remise en état des matériels et des locaux en école maternelle

Une PFMP d'au moins quatre semaines ou une expérience professionnelle d'au moins 12 semaines en école maternelle ou en EAJE ou en ACM (moins de 6 ans) est exigée pour présenter l'épreuve EP2.

L'épreuve comporte **des questions qui évaluent tout ou partie des compétences et des savoirs** du bloc de compétences « Exercer son activité en accueil collectif ».

ENTRAÎNEMENT 1

Intitulé de la situation

Vous êtes titulaire du CAP AEPE et vous travaillez dans l'EAJE de votre commune. Vous avez en charge 3 enfants, Léo 12 mois, Benjamin 2 ans, Sophie 3 ans.

1 Proposez 2 activités ludiques que vous pouvez réaliser avec Sophie afin de contribuer au développement et à l'enrichissement de son langage.

– ....

– ....

Vous constatez que Sophie semble présenter un retard de langage.

2 Citez 1 personne que vous devez informer face à cette situation.

– ....

ENTRAÎNEMENT 2

Intitulé de la situation

Vous travaillez en EAJE, Joël 9 mois et son frère Gabriel âgé de 2 ans viennent de 7 h 30 à 17 h.

Chaque jour, c'est le même rituel. Après le bisou du matin, vous écoutez la maman ou le papa raconter comment s'est déroulée la soirée, la nuit, et le lever de l'enfant. Puis vient ensuite le moment de la séparation. Mais depuis une semaine, Joël se met à pleurer systématiquement lorsque sa maman vous la confie.

Aujourd'hui Gabriel bouscule une camarade dans le bac à sable. Il lui prend sa pelle et ne veut plus la lui rendre.

1 Citez trois attitudes de l'adulte pour aider l'enfant à développer son langage.

– ....

– ....

– ....

2 **Présentez une caractéristique des troubles du langage suivants :**

– Le bégaiement : ....

– Le zézaiement : ....

3 **Indiquez trois comportements de l'adulte pouvant faciliter la séparation entre Joël et sa maman.**

– ....

– ....

– ....

4 **Citez deux exemples de la conduite à tenir devant le comportement agressif de Gabriel.**

– ....

– ....

ENTRAÎNEMENT 3

Intitulé de la situation

Vous travaillez en EAJE, le papa d'Hugo le dépose à 7 h 30 et le reprend à 17 h 00 après son travail. Depuis quelques temps, il pleure au départ de son père et se console avec son doudou.

1 **Numérotez de 1 à 6 dans le tableau suivant, dans l'ordre d'apparition, les étapes de l'acquisition du langage :**

Étapes d'acquisition du langage	Ordre d'apparition
Langage global significatif	
Vagissement	
Mono syllabes	
Mot- phrase	
Vocalises ou gazouillis	
Double syllabes	

Selon leur âge, les enfants développent des moyens d'expression et de communication avec leur entourage.

2 **Indiquez deux situations de vie quotidienne au cours desquelles vous pouvez stimuler la communication d'Hugo**

– ....

– ....

ENTRAÎNEMENT 4

Intitulé de la situation

Vous êtes titulaire du CAP AEPE et vous travaillez en école maternelle.

Paul, 3 ans, est un enfant réservé qui aime les activités calmes. Il a un excellent vocabulaire et forme des phrases complexes. Il est en petite section de maternelle.

Paul présente une sensibilité aux acariens.

Après son repas, en attendant la reprise de l'école, vous proposez une activité à Paul et à d'autres enfants en tenant compte de ses centres d'intérêts.

1 Indiquez l'activité proposée :

....

2 Précisez deux objectifs visés :

– ....

– ....

ENTRAÎNEMENT 5

Intitulé de la situation

Vous travaillez en EAJE. Vous avez en garde :
- Matthieu, 2 ans 1/2
- Zohra 7 mois

Caractéristiques des enfants

ZOHRA

- **Santé :** Zohra pèse 7 kg et mesure 65 centimètres
- **Développement psychomoteur :** Elle tient assise dans sa chaise haute lors du repas
- **Adaptation :** L'alimentation est diversifiée, elle s'est bien adaptée à son mode de garde
- **Particularités :** Elle jette souvent sa tétine et porte la girafe ou ses mains à la bouche

MATTHIEU

- **Santé :** Matthieu pèse 13 kg et mesure 85 centimètres
- **Développement psychomoteur :** Il a acquis la propreté, il demande à aller sur le pot. Il court beaucoup lors des sorties et aime ramasser les objets qu'il trouve.

- **Adaptation :** Il vient d'intégrer la maternelle seulement pour les matinées.
- **Particularités :** C'est un enfant qui pose beaucoup de questions.

Selon leur âge, les enfants développent des modes d'expression et de communication avec leur entourage.

1 Indiquez 3 situations au cours desquelles vous pouvez stimuler la communication de Zohra.

– ....

– ....

– ....

2 Pour chaque situation, justifiez vos réponses.

– ....

– ....

– ....

ENTRAÎNEMENT 6

Intitulé de la situation

1 Pour chacune des situations précisez, l'âge des enfants et les caractéristiques du langage. Utilisez le tableau ci-dessous.

– Situation 1 : Myriam parle parfaitement, elle discute avec sa sœur aînée en jouant à la poupée.

– Situation 2 : Emma est sur le transat elle babille devant sa maman qui lui sourit et lui parle.

– Situation 3 : Julien demande à sa maman de l'eau, depuis peu il utilise le « je » : « je veux boire »

– Situation 4 : Logan appelle sa maman et lui dit : « Logan mangé ».

Situation	Âge	Caractéristiques du langage
Situation 1	....	....
Situation 2	....	....
Situation 3	....	....
Situation 4	....	....

L'enfant maîtrise progressivement le langage oral.

2 Citez 4 comportements de l'adulte favorisant cet apprentissage.

– ....

– ....

– ....

– ....

3 Donnez 2 troubles du langage oral chez l'enfant.

– ....

– ....

ENTRAÎNEMENT 7

Intitulé de la situation

1 L'enfant maîtrise progressivement le langage oral ; complétez le tableau de synthèse présentant cette évolution.

Âge	Caractéristiques du langage oral
1 à 4 mois	....
5 à 8 mois	L'enfant fait des babillages (chaîne de syllabes avec variation d'intensité)
9 à 12 mois	....
13 à 14 mois	Recherche de vocabulaire en répétant les mots
15 à 24 mois	....
3 ans	....
4 ans	Fait des phrases complexes et personnelles
Vers 6 ans	....

2 Citez 4 comportements de l'adulte favorisant cet apprentissage

– ....

– ....

– ....

– ....

ENTRAÎNEMENT 8

Intitulé de la situation

Vous êtes titulaire du CAP AEPE et vous travaillez en école maternelle. Noa a 4 ans ; c'est un enfant très agité. Il hurle souvent, se jette au sol, bouscule violemment les autres enfants et exige des câlins et l'attention exclusive des adultes qui l'entourent. Dans l'école 3 enfants sont accueillis avec un PPS.

1 Que pouvez-vous faire avec l'enseignant concernant Noa?

....

2 Que signifie PPS

....

3 Par qui est élaboré le PPS ?

....

4 Quel est le contenu du PPS ?

....

5 Citer 2 missions de l'enseignant référent dans la cadre d'un PPS

....

6 En quoi consiste une équipe éducative ?

....

ENTRAÎNEMENT 9

Intitulé de la situation

Vous travaillez dans l'école maternelle de votre village. La directrice met une affiche indiquant la date du prochain conseil d'école.

1 Citez 3 types personnels ou représentants membres de droit

– ....

– ....

– ....

2 **Indiquez 3 exemples de sujets sur lesquels le conseil d'école est amené à se prononcer**

– ....

– ....

– ....

3 **Le PPMS sera présenté au conseil d'école ; que signifie PPMS ?**

....

4 **Les ATSEM sont conviées à ce conseil d'école ; quelle est le statut des ATSEM ?**

....

5 **Quelle est la double autorité sur les fonctions des ATSEM ?**

....

....

Retrouvez tous vos corrigés p. 155

ENTRAÎNEMENT 1

Intitulé de la situation

Vous êtes titulaire du CAP AEPE et vous travaillez en AEJE. Deux enfants sont présents : Justine, 6 mois, et Myriam, 2 ans et demi.

Vous devez :

☒ Procéder à la désinfection des jouets en matière plastique.

Vous devez :

☒ Analyser la situation.

☒ Organiser vos tâches et préparer le matériel.

☒ Remettre en état le poste de travail et le matériel.

ENTRAÎNEMENT 2

Intitulé de la situation

Vous êtes titulaire du CAP AEPE et vous travaillez en AEJE.

Vous devez :

☒ Effectuer le nettoyage du réfrigérateur de la cuisine.

Vous devez :

☒ Analyser la situation.

☒ Organiser vos tâches et préparer le matériel.

☒ Remettre en état le poste de travail et le matériel.

ENTRAÎNEMENT 3

Intitulé de la situation

Vous êtes titulaire du CAP AEPE et vous travaillez en AEJE.

Vous devez :

☒ Nettoyer le placard sous évier dans la cuisine.

Vous devez :

☒ Analyser la situation.

☒ Organiser vos tâches et préparer le matériel.

☒ Remettre en état le poste de travail et le matériel.

ENTRAÎNEMENT 4

Intitulé de la situation

Vous êtes titulaire du CAP AEPE et vous travaillez pour un RAM.

Vous devez :

☒ Procéder au balayage humide de la salle de repas.

Vous devez :

☒ Analyser la situation.

☒ Organiser vos tâches et préparer le matériel.

☒ Remettre en état le poste de travail et le matériel.

ENTRAÎNEMENT 5

Intitulé de la situation

Vous êtes titulaire du CAP AEPE et vous travaillez en AEJE.

Vous devez :

☒ Recoudre un bouton de chemise.

Vous devez :

☒ Analyser la situation.

☒ Organiser vos tâches et préparer le matériel.

☒ Remettre en état le poste de travail et le matériel.

ENTRAÎNEMENT 6

Intitulé de la situation

Vous êtes titulaire du CAP AEPE et vous travaillez en AEJE.

Vous devez :

☒ Repasser les serviettes de table.

Vous devez :

☒ Analyser la situation.

☒ Organiser vos tâches et préparer le matériel.

☒ Remettre en état le poste de travail et le matériel.

ENTRAÎNEMENT 7

Intitulé de la situation

Vous êtes titulaire du CAP AEPE et vous travaillez en AEJE.

Vous devez :

☒ Nettoyer une table et deux chaises.

Vous devez :

☒ Analyser la situation.

☒ Organiser vos tâches et préparer le matériel.

☒ Remettre en état le poste de travail et le matériel.

ENTRAÎNEMENT 8

Intitulé de la situation

Vous êtes titulaire du CAP AEPE et vous travaillez en AEJE.

Vous devez :

☒ Trier le linge en vue du lavage

Vous devez :

☒ Analyser la situation.

☒ Organiser vos tâches et préparer le matériel.

☒ Remettre en état le poste de travail et le matériel.

ENTRAÎNEMENT 9

Intitulé de la situation

Vous êtes titulaire du CAP AEPE et vous travaillez en école maternelle en tant qu'ATSEM.

Vous devez :

☒ Laver le sol de la cuisine.

Vous devez :

☒ Analyser la situation.

☒ Organiser vos tâches et préparer le matériel.

☒ Remettre en état le poste de travail et le matériel.

ENTRAÎNEMENT 10

Intitulé de la situation

Vous êtes titulaire du CAP AEPE et vous travaillez en tant qu'ATSEM.

Vous devez :

☒ Bionettoyer l'enceinte du réfrigérateur.

Vous devez :

☒ Analyser la situation.

☒ Organiser vos tâches et préparer le matériel.

☒ Remettre en état le poste de travail et le matériel.

ENTRAÎNEMENT 11

Intitulé de la situation

Vous êtes titulaire du CAP AEPE et vous travaillez en AEJE.

Vous devez :

☒ Repasser et plier deux torchons de cuisine.

Vous devez :

☒ Analyser la situation.

☒ Organiser vos tâches et préparer le matériel.

☒ Remettre en état le poste de travail et le matériel.

ENTRAÎNEMENT 12

Intitulé de la situation

Vous êtes titulaire du CAP AEPE et vous travaillez en école maternelle en tant qu'ATSEM.

Vous devez :

☒ Recoudre deux boutons sur un gilet.

Vous devez :

☒ Analyser la situation.

☒ Organiser vos tâches et préparer le matériel.

☒ Remettre en état le poste de travail et le matériel.

ENTRAÎNEMENT 13

Intitulé de la situation

Vous êtes titulaire du CAP AEPE et vous travaillez en AEJE.

Vous devez :

☒ Recoudre deux boutons sur une chemise.

Vous devez :

☒ Analyser la situation.

☒ Organiser vos tâches et préparer le matériel.

☒ Remettre en état le poste de travail et le matériel.

ENTRAÎNEMENT 14

Intitulé de la situation

Vous êtes titulaire du CAP AEPE et vous travaillez en AEJE.

Vous devez :

☒ Stériliser à froid trois biberon.

Vous devez :

☒ Analyser la situation.

☒ Organiser vos tâches et préparer le matériel.

☒ Remettre en état le poste de travail et le matériel.

ENTRAÎNEMENT 15

Intitulé de la situation

Vous êtes titulaire du CAP AEPE et vous travaillez en AEJE.

Vous devez :

☒ Nettoyer le four à micro-ondes.

Vous devez :

☒ Analyser la situation.

☒ Organiser vos tâches et préparer le matériel.

☒ Remettre en état le poste de travail et le matériel.

ENTRAÎNEMENT 16

Intitulé de la situation

Vous êtes titulaire du CAP AEPE et vous travaillez en école maternelle en tant qu'ATSEM.

Vous devez :

☒ Réaliser le lavage du sol de la cuisine.

Vous devez :

☒ Analyser la situation.

☒ Organiser vos tâches et préparer le matériel.

☒ Remettre en état le poste de travail et le matériel.

ENTRAÎNEMENT 17

Intitulé de la situation

Vous travaillez en ACM. Vous êtes titulaire du CAPA.

Vous devez :

☒ Réaliser le nettoyage du sol de la salle de jeu.

Vous devez :

☒ Analyser la situation.

☒ Organiser vos tâches et préparer le matériel.

☒ Remettre en état le poste de travail et le matériel.

ENTRAÎNEMENT 18

Intitulé de la situation

Vous êtes titulaire du CAP AEPE et vous travaillez en AEJE.

Vous devez :

☒ Repasser des vêtements d'enfants..

Vous devez :

☒ Analyser la situation.

☒ Organiser vos tâches et préparer le matériel.

☒ Remettre en état le poste de travail et le matériel.

ENTRAÎNEMENT 19

Intitulé de la situation

Vous êtes titulaire du CAP AEPE et vous travaillez en école maternelle en tant qu'ATSEM.

Vous devez :

☒ Effectuer un balayage humide du sol de la salle de maître.

Vous devez :

☒ Analyser la situation.

☒ Organiser vos tâches et préparer le matériel.

☒ Remettre en état le poste de travail et le matériel.

ENTRAÎNEMENT 20

Vous êtes titulaire du CAP AEPE et vous travaillez en tant qu'ATSEM dans une école maternelle.

Vous devez :

☒ Effectuer l'entretien des tables et des chaises d'une salle de classe.

Vous devez :

☒ Analyser la situation.

☒ Organiser vos tâches et préparer le matériel.

☒ Remettre en état le poste de travail et le matériel.

Retrouvez tous vos corrigés p. 159

Corrigés des entraînements EP2 – Connaissances théoriques

ENTRAÎNEMENT 1

1 Les activités ludiques que vous pouvez réaliser avec Sophie afin de contribuer au développement et à l'enrichissement de son langage sont les suivantes :
- lire des livres avec des images (histoire, lecture d'un imagier) ;
- regarder et commenter des photos, des diapositives, lui demander son avis ;
- répondre à ses nombreuses questions ;
- chanter des comptines ;
- jeux éducatifs adaptés à l'âge de l'enfant ;
- réalisation d'une activité manuelle ;
- réalisation d'un gâteau, citer le nom des ingrédients, du matériel.

2 Les personnes que vous devez informer face à cette situation sont :
- la puéricultrice responsable de la crèche familiale.

ENTRAÎNEMENT 2

1 les attitudes de l'adulte pour aider l'enfant à développer son langage sont :
- ne pas parler un langage « bébé » ;
- verbaliser les actions ;
- nommer les objets ;
- faire des phrases correctes en reprenant le mot de sa phrase.

2 On peut caractériser ainsi les troubles du langage suivants :
- Le bégaiement : trouble de l'élocution qui provoque un langage en saccades, avec des blocages sur certains mots ou certaines lettres.
- Le zézaiement : défaut de prononciation (exemple : prononce le son (s) à la place du son (ch).

3 Les trois comportements de l'adulte qui peuvent faciliter la séparation de Joël d'avec sa maman sont :
- *sécuriser l'enfant et le rassurer ;*
- mettre des mots sur la séparation ;
- laisser à l'enfant son objet transitionnel pour le sécuriser.
- …

4 La conduite à tenir devant le comportement agressif de Gabriel est :
- d'essayer de comprendre pourquoi il se montre agressif ;
- d'inculquer à l'enfant les bonnes conduites qu'il doit avoir envers les autres enfants ;
- d'aider l'enfant à exprimer ses sentiments.
- …

ENTRAÎNEMENT 3

1 Les étapes de l'acquisition du langage sont :

Étapes d'acquisition du langage	Ordre d'apparition
Langage global significatif	*6*
Vagissement	*1*
Mono syllabes	*3*
Mot- phrase	*5*
Vocalises ou gazouillis	*2*
Double syllabes	*4*

Selon leur âge, les enfants développent des moyens d'expression et de communication avec leur entourage.

2 Vous pouvez stimuler au quotidien la communication d'Hugo :
– lors du repas ;
– lors du change.

ENTRAÎNEMENT 4

1 Exemples possible : puzzles, histoires, pâte à modeler, gommettes…

2 Les objectifs visés : développer la motricité fine, la créativité, l'expression, l'imagination, manipuler…

ENTRAÎNEMENT 5

1 Les situations qui peuvent stimuler la communication de Zohra :
– a. communiquer dans les actes de la vie quotidienne avec Zohra ;
– b. chansons, comptines ;
– c. nommer les objets utilisés, les parties du corps lors de la toilette, du change ;
– d. répondre aux expressions de Zohra lorsqu'elle communique avec l'assistante maternelle.

2 Pour chaque situation, justifiez vos réponses
– a. permet à Zohra d'apprendre et de mémoriser des mots
– b. stimuler Zohra et lui donner envie de communiquer
– c. stimuler l'écoute, l'attention nécessaire à l'apprentissage du langage

3 justifications complètes et rédigées. Indicateurs d'évaluation : justifier des actes éducatifs : apporter une aide adaptée aux acquisitions et aux apprentissages, prendre en compte l'enfant, justifier d'une attitude éducative, intervenir à bon escient.

ENTRAÎNEMENT 6

1 Le tableau de synthèse complété :

Situations	Âges	Caractéristiques du langage
Situation 1	*4 ans*	Les phrases sont correctes et comprennent 6 à 8 mots
Situation 2	*8 mois*	Imitation des sons des adultes : « babillage »
Situation 3	*3 ans*	Début des phrases correctes ; utilisation du verbe et emploi du « je »
Situation 4	*2 ans*	Mot-phrase

2 Quatre comportements de l'adulte favorisent l'apprentissage du langage :
- apprendre à l'enfant les mots justes ;
- apprendre à l'enfant à exprimer ses sentiments ;
- obliger l'enfant à parler ;
- connaître l'évolution du langage oral, apprendre à décoder la communication non verbale de l'enfant.

3 Deux troubles du langage oral chez l'enfant :
- défauts de prononciation (zozotement…) ;
- le bégaiement ;
- le « parler bébé » ;
- les retards de langage pouvant être dus à un problème d'audition.

ENTRAÎNEMENT 7

1 Le tableau de synthèse complété :

Âge	Caractéristiques du langage oral
1 à 4 mois	Sons gutturaux, vagissements, vocalise, cris de joie, de fureur, gazouille
5 à 8 mois	L'enfant fait des babillages (chaîne de syllabes avec variation d'intensité)
9 à 12 mois	Monosyllabes, syllabes doublées, stade du pré-langage
13 à 14 mois	Recherche de vocabulaire en répétant les mots
15 à 24 mois	Langage global significatif
3 ans	Maîtrise du langage (prononce bien sans confusion)
4 ans	Fait des phrases complexes et personnelles
Vers 6 ans	Maîtrise parfaite du langage

2 Quatre comportements de l'adulte favorisent cet apprentissage :
- apprendre à l'enfant les mots justes ;
- apprendre à l'enfant à exprimer ses sentiments ;
- obliger l'enfant à parler ;
- connaître l'évolution du langage oral, apprendre à décoder la communication non verbale de l'enfant.

ENTRAÎNEMENT 8

1 Discuter des difficultés particulières de cet enfant pour mettre en place le meilleur accueil possible

2 PPS signifie Projet Personnalisé de Scolarisation

3 Le PPS est élaboré par l'équipe pluridisciplinaire de la maison départementale des personnes handicapées (MDPH) à partir des besoins identifiés

4 Le PPS précise les actions pédagogiques, psychologiques, éducatives, sociales, médicales et paramédicales en y associant les professionnels du secteur médico-social et ceux de l'éducation, en lien étroit avec l'élève et sa famille.

5 2 missions de l'enseignant référent dans la cadre d'un PPS :
- Réunir l'équipe de suivi de la scolarisation pour chacun des élèves
- Favoriser la continuité et la cohérence de la mise en œuvre du PPS

6 une équipe éducative est un dispositif de l'école primaire. Elle est réunie par le directeur chaque fois que l'examen de la situation d'un élève ou d'un groupe d'élèves l'exige, qu'il s'agisse de l'efficience scolaire, de l'assiduité ou du comportement.

,

ENTRAÎNEMENT 9

1 le directeur d'école, l'ensemble des maitres de l'école, le maire et le conseiller municipal chargé des affaires scolaires, les représentants élus des parents d'élèves, le délégué départemental de l'éducation chargé de visiter les écoles. Les ATSEM peuvent participer au conseil d'école s'ils y sont invités (ce n'est pas une obligation) et peuvent s'exprimer sur les questions qui les concernent.

2 Exemples de sujets sur lesquels le conseil d'école est amené à se prononcer :
- le conseil d'école vote le règlement intérieur de l'école
- établit le projet d'organisation pédagogique de la semaine scolaire
- présente des suggestions sur le fonctionnement
- statue sur la partie pédagogique du projet d'école
- donne son accord pour l'organisation d'activés complémentaires
- ...

3 Cela signifie Plan Particulier de Mise en Sûreté

4 Les ATSEM sont des agents territoriaux spécialisés des écoles maternelles ; ce sont des fonctionnaires territoriaux.

5 la double autorité sur les fonctions des ATSEM :
- Pendant son service dans les locaux scolaires l'ATSEM est placé sou l'autorité de directeur d'école
- pendant le temps de surveillance du restaurant scolaire, de la garderie, des activités périscolaires, l'ATSEM est placé sous l'autorité du maire

Corrigés des entraînements EP2 – Connaissances pratiques

ENTRAÎNEMENT 1

La désinfection des jouets en matière plastique

Analyse de la situation

Qui êtes-vous ? Titulaire du CAP AEPE.
Où ? EAJE.
Quelles sont les tâches que vous allez effectuer ? Procéder à la désinfection des jouets en matière plastique.
Quel est le moment de la journée ? Non renseigné.

Objectifs

Détruire les micro-organismes.

Matériels et produits

Du produit de stérilisation, un bac de désinfection, une pince, des gants à usage unique, un tablier.

Préparation

❶ Porter une tenue adaptée.
❷ Se laver les mains et mettre les gants.
❸ Préparer le lieu.
❹ Préparer le matériel et les produits : préparer la solution désinfectante dans le bac de stérilisation (dosage selon les indications de l'étiquette des produits).

Exécution

❶ Nettoyer avec un détergent les jouets.
❷ Rincer à l'eau et faire égoutter.
❸ Tremper les jouets dans la solution désinfectante (bac de stérilisation et noter la date, l'heure) : immerger 10 à 20 minutes selon les produits.
❹ Rincer et sécher le matériel.

Rangement et nettoyage

❶ Nettoyer et désinfecter le bac de désinfection.
❷ Se laver les mains.

Critères d'évaluation

- **L'organisation et l'ergonomie** : mise à disposition du matériel et des produits, ordre logique des opérations.
- **L'hygiène** : respect du circuit propre/sale, tenue propre, port de gants (désinfection chimique).

- **La sécurité** : respect des consignes d'utilisation des produits et des appareils ; port de gants.
- **L'économie** : pas d'utilisation de matériel ou de produits non indispensables à la tâche, respect des doses pour l'utilisation du désinfectant.
- **La communication** : information sur les tâches à effectuer.
- **La qualité du résultat** : absence de salissures, de traces.

ENTRAÎNEMENT 2

Le nettoyage du réfrigérateur

Analyse de la situation

Qui êtes-vous ? Titulaire du CAP AEPE.
Où ? EAJE.
Quelles sont les tâches que vous allez effectuer ? Nettoyer le réfrigérateur de la cuisine.
Quel est le moment de la journée ? Non renseigné.

Objectifs

Éliminer les salissures et les micro-organismes.

Matériels et produits

Une lavette, de l'eau, du détergent, de l'eau de Javel diluée ou de l'eau vinaigrée ou du désinfectant alimentaire.

Préparation

1. Porter une tenue adaptée.
2. Se laver les mains.

Organisation

Enlever les éléments à l'intérieur du réfrigérateur.

Exécution

1. Nettoyer la cavité du réfrigérateur :
   - faire le détourage de la surface interne du haut avec une lavette humide (eau + eau de Javel ou eau vinaigrée ou désinfectant alimentaire), passer à l'intérieur de la surface en faisant des bandes ;
   - nettoyer chaque étagère du réfrigérateur de la même façon (détourage et des bandes à l'intérieur de la surface) ;
   - faire de même avec les deux surfaces du côté et terminer par la surface du bas ;
   - rincer.
2. Nettoyer les éléments du réfrigérateur dans l'évier.
3. Vérification du résultat : vérifier l'absence de salissures.

Rangement et nettoyage

1. Ranger les éléments dans le réfrigérateur.
2. Nettoyer et ranger le matériel.
3. Se laver les mains.

Critères d'évaluation

- **L'organisation et l'ergonomie** : présence du matériel et des produits, ordre logique des opérations.
- **L'hygiène** : respect du circuit propre/sale, tenue propre.
- **La sécurité** : respect des consignes d'utilisation des produits et des matériels ; port de gants.
- **L'économie** : pas d'utilisation de matériel ou de produits non indispensables à la tâche.
- **La communication** : information sur les tâches effectuées.
- **La qualité du résultat** : absence de salissures, de traces.

ENTRAÎNEMENT 3

Le nettoyage du placard sous évier

Analyse de la situation

Qui êtes-vous ? Titulaire du CAP AEPE.
Où ? EAJE.
Quelles sont les tâches que vous allez effectuer ? Nettoyer le placard sous évier de la cuisine.
Quel est le moment de la journée ? Non renseigné.

Objectif

Éliminer les salissures et les micro-organismes.

Matériels et produits

Des lavettes bleues, deux seaux (un pour la solution et un pour le rinçage), du détergent, des gants.

Préparation

1. **Porter une tenue adaptée.**
2. **Se laver les mains et mettre les gants.**
3. **Préparer le lieu (aérer la pièce).**
4. **Préparer le matériel et les produits : préparer la solution détergente (dosage selon les indications de l'étiquette), prévoir suffisamment de lavettes.**

Organisation

Enlever les éléments à l'intérieur du placard (ne pas les déposer au sol).

Exécution

1. **Mouiller la lavette de produit et la plier : tremper dans le seau.**
2. **Faire le détourage de la surface la plus haute, puis passer la lavette à l'intérieur de la surface en faisant des bandes ; faire de même avec les deux surfaces du côté et terminer par la surface du bas.**
3. **Rincer si nécessaire selon le produit.**
4. **Vérifier le résultat : absence de salissures et de traces.**

Rangement et nettoyage

1. Mettre les lavettes au sale (lavage en machine).
2. Nettoyer et ranger le matériel.
3. Se laver les mains.

Critères d'évaluation

- **L'organisation et l'ergonomie** : présence du matériel et des produits, ordre logique des opérations.
- **L'hygiène** : respect du circuit propre/sale, tenue propre.
- **La sécurité** : respect des consignes d'utilisation des produits et des matériels ; port de gants.
- **L'économie** : pas d'utilisation de matériel ou de produits non indispensables à la tâche.
- **La communication** : information sur les tâches effectuées.
- **La qualité du résultat** : absence de salissures, de traces.

ENTRAÎNEMENT 4

Le balayage humide de la salle de repas

Analyse de la situation

Qui êtes-vous ? Titulaire du CAP AEPE.
Où ? Dans la salle de repas du RAM.
Quelles sont les tâches que vous allez effectuer ? Procéder au balayage humide de la salle de repas.
Quel est le moment de la journée ? Non renseigné.

Objectif

Collecter les poussières, facteurs de micro-organismes, pour éviter leur suspension dans l'environnement.

Matériels et produits

Un balai trapèze, une gaze jetable pré-imprégnée d'un agglutinant, une pelle, une poubelle.

Préparation

1. Porter une tenue adaptée.
2. Se laver les mains.
3. Préparer le lieu, fermer les fenêtres.
4. Préparer le matériel et les produits : fixer la gaze sur le balai.

Organisation

Le chariot reste à l'extérieur de la pièce.

Exécution

1. Le détourage : se mettre devant la porte et balayer en faisant le contour de la pièce, le long des murs.

❷ Le balayage : se mettre au fond de la pièce (à l'opposé de la porte) et balayer à reculons en tirant le balai vers soi, en faisant des mouvements en « S » sur le sol (« à la godille »).
❸ Vérifier le résultat : absence de salissures.

Rangement et nettoyage

❶ Décrocher la gaze en la pliant pour récupérer les déchets.
❷ Jeter la gaze et les déchets à la poubelle.
❸ Nettoyer et ranger le matériel.
❹ Se laver les mains.

Critères d'évaluation

– **L'organisation et l'ergonomie** : présence du matériel et des produits, ordre logique des opérations.
– **L'hygiène** : respect du circuit propre/sale, tenue propre.
– **La sécurité** : respect des consignes d'utilisation des produits et des matériels ; port de gants.
– **L'économie** : pas d'utilisation de matériel ou de produits non indispensables à la tâche, nombre de gazes suffisant.
– **La communication** : information sur les tâches effectuées.
– **La qualité du résultat** : absence de poussières, de salissures, de traces.

ENTRAÎNEMENT 5

Recoudre un bouton de chemise

Analyse de la situation

Qui êtes-vous ? Titulaire du CAP AEPE.
Où ? EAJE.
Quelles sont les tâches que vous allez effectuer ? Recoudre un bouton de chemise.
Quel est le moment de la journée ? Non renseigné.

Objectif

Redonner vie à des vêtements.

Matériels

Une aiguille, le bouton de la chemise, du fil de la même couleur que le bouton, des ciseaux, une chaise et une table.

Exécution

❶ Passer l'aiguille et le fil à travers le tissu de la chemise et le trou du bouton (emplacement de l'ancien bouton).
❷ Faire plusieurs passages jusqu'à ce que le bouton tienne.
❸ Couper le fil et faire un nœud.

Rangement

❶ Ranger le fil, l'aiguille et les ciseaux.

❷ Ranger la table et la chaise.
❸ Ranger le gilet.

Critères d'évaluation

- **L'organisation et l'ergonomie** : mise à disposition du matériel, ordre logique des opérations, position assise pour coudre.
- **L'hygiène** : tenue et mains propres.
- **La sécurité** : rangement des aiguilles hors de portée des enfants.
- **L'économie** : pas de gaspillage du fil de couture.
- **La qualité du résultat** : bouton bien fixé, fil de couture non voyant sur le bouton (de la même couleur que la chemise).

ENTRAÎNEMENT 6

Le repassage de serviettes de table

Analyse de la situation

Qui êtes-vous ? Titulaire du CAP AEPE.
Où ? EAJE.
Quelles sont les tâches que vous allez effectuer ? Repasser les serviettes de table.
Quel est le moment de la journée ? Non renseigné.

Objectifs

Défroisser, assainir le linge et faciliter le rangement.

Matériels et produits

Une table à repasser, un fer à repasser, un plan de travail ou une corbeille à linge.

Préparation

❶ Porter une tenue adaptée.
❷ Se laver les mains.
❸ Préparer le lieu : table à repasser à la bonne hauteur, fer à repasser, plan de travail ou corbeille à linge.
❹ Préparer le matériel et les produits ; position du thermostat.

Exécution

❶ Disposer la serviette sur la planche à repasser.
❷ Repasser les détails, puis les grandes surfaces.
❸ Repasser sur l'endroit et sur l'envers et dans le sens du « droit fil ».
❹ Déposer la serviette sur le plan de travail ou dans la corbeille.

Rangement et nettoyage

❶ Arrêter le fer (baisser le thermostat), le débrancher (faire attention à la sécurité).
❷ Ranger la table à repasser.
❸ Ranger le linge.

Critères d'évaluation

- **L'organisation et l'ergonomie** : mise à disposition du matériel, ordre logique des opérations, table à repasser à la bonne hauteur.
- **L'hygiène** : respect du circuit propre/sale, tenue propre.
- **La sécurité** : respect des consignes d'utilisation du fer à repasser.
- **L'économie** : pas d'utilisation de matériel ou de produits non indispensables à la tâche.
- **La communication** : information sur les tâches à effectuer, zone de repassage balisée.
- **La qualité du résultat** : absence de salissures, de plis, rangement esthétique.

ENTRAÎNEMENT 7

Le nettoyage d'une table et de deux chaises

Analyse de la situation

Qui êtes-vous ? Titulaire du CAP AEPE.
Où ? EAJE.
Quelles sont les tâches que vous allez effectuer ? Nettoyer une table et deux chaises.
Quel est le moment de la journée ? Non renseigné.

Objectifs

Éliminer les salissures et les micro-organismes.

Matériels et produits

Des lavettes bleues, deux seaux (un pour la solution et un pour le rinçage), du détergent (pour surface alimentaire), des gants.

Préparation

1. **Porter une tenue adaptée.**
2. **Se laver les mains et mettre les gants.**
3. **Préparer le lieu (aérer la pièce).**
4. **Préparer le matériel et les produits : préparer la solution détergente.**

Organisation

Enlever les éléments sur la table et les chaises.

Exécution

1. **Mouiller la lavette de produit et la plier : tremper dans le seau.**
2. **Faire le détourage de la surface de la table, puis passer la lavette à l'intérieur de la surface en faisant des bandes, puis faire les pieds de table.**
3. **Faire le détourage des chaises : les bords extérieurs, puis les bandes à l'intérieur, d'abord la partie haute de la chaise, puis la partie basse du siège, et terminer par les pieds des chaises.**
4. **Rincer si nécessaire selon le produit.**
5. **Vérifier le résultat : absence de salissures et de traces.**

Rangement et nettoyage

1. Mettre les lavettes au sale (lavage en machine).
2. Nettoyer et ranger le matériel.
3. Se laver les mains.

Critères d'évaluation

- **L'organisation et l'ergonomie** : présence du matériel et des produits, ordre logique des opérations.
- **L'hygiène** : respect du circuit propre/sale, tenue propre.
- **La sécurité** : respect des consignes d'utilisation des produits et des matériels ; port de gants.
- **L'économie** : pas d'utilisation de matériel ou de produits non indispensables à la tâche.
- **La communication** : information sur les tâches effectuées.
- **La qualité du résultat** : absence de salissures, de traces.

ENTRAÎNEMENT 8

Le tri du linge en vue du lavage

Analyse de la situation

Qui êtes-vous ? Titulaire du CAP AEPE.
Où ? EAJE (Accueil et Éveil des Jeunes Enfants).
Quelles sont les tâches que vous allez effectuer ? Trier le linge en vue du lavage.
Quel est le moment de la journée ? Non renseigné.

Objectifs

Entretenir le linge, éliminer les salissures et les micro-organismes.

Matériels et produits

Une machine à laver, une corbeille à linge, de la lessive.

Organisation

Plan de travail ou table à disposition.

Préparation

1. Porter une tenue adaptée.
2. Se laver les mains.
3. Préparer le lieu : la corbeille à linge, les vêtements sales.
4. Préparer le matériel et les produits.

Exécution

1. Séparer les couleurs vives des couleurs claires et du blanc.
2. Regrouper les articles en fonction du type de tissu.
3. Suivre les instructions présentes sur l'étiquette (ex : 30 °C).
4. Vider les poches et peser le linge.

5. Sélectionner le programme en fonction du linge mis dans le tambour de la machine à laver.
6. Mettre une dose de lessive.
7. Mettre en marche la machine.

Rangement et nettoyage

1. Ranger la lessive.
2. Ranger la corbeille de linge sale.
3. Se laver les mains.

Critères d'évaluation

- **L'organisation et l'ergonomie** : mise à disposition du matériel, ordre logique des opérations.
- **L'hygiène** : respect du circuit propre/sale, tenue propre.
- **La sécurité** : respect des consignes d'utilisation de la machine à laver.
- **L'économie** : pas d'utilisation de matériel ou de produits non indispensables, doses respectées.
- **La communication** : information sur les tâches à effectuer.
- **La qualité du résultat** : bon choix de programme en fonction du linge.

ENTRAÎNEMENT 9

Le lavage du sol de la cuisine

Analyse de la situation

Qui êtes-vous ? Titulaire du CAP AEPE employé en tant qu'ATSEM.
Où ? École maternelle.
Quelles sont les tâches que vous allez effectuer ? Laver le sol de la cuisine.
Quel est le moment de la journée ? Non renseigné.

Objectifs

Éliminer les salissures et les micro-organismes (le lavage complète le dépoussiérage).

Matériels et produits

Un chariot de lavage, une presse, un seau bleu (solution de détergent), un seau rouge (eau de rinçage), un balai de lavage, un bandeau de lavage, des gants.

Préparation

1. Porter une tenue adaptée.
2. Se laver les mains et mettre les gants.
3. Préparer le lieu (aérer le couloir si possible).
4. Préparer le matériel et les produits : préparer la solution détergente dans le seau bleu (dosage selon les indications de l'étiquette : 8 litres pour une dose), remplir le seau rouge d'eau claire, installer les seaux et la presse sur le chariot.

Organisation

Le chariot reste en retrait de la surface du couloir à nettoyer.

Exécution

1. Tremper le bandeau de lavage dans la solution détergente et essorer en utilisant la presse.
2. Laver le sol : détourage le long des murs (contour de la cuisine), puis laver à reculons en tirant le balai vers soi, en faisant des mouvements en « S » sur le sol (« à la godille »).
3. Rincer le bandeau dans le seau rouge et essorer (certains produits ne se rincent pas).
4. Vérifier le résultat : absence de salissures.

Rangement et nettoyage

1. Mettre les bandeaux au sale (lavage en machine).
2. Nettoyer et ranger le matériel.
3. Se laver les mains.

Critères d'évaluation

- **L'organisation et l'ergonomie** : mise à disposition du matériel et des produits, ordre logique des opérations.
- **L'hygiène** : respect du circuit propre/sale, tenue propre.
- **La sécurité** : respect des consignes d'utilisation des produits et des matériels ; port de gants.
- **L'économie** : pas d'utilisation de matériel ou de produits non indispensables à la tâche, respect des doses pour l'utilisation du détergent, quantité suffisante de détergent en fonction de la surface.
- **La communication** : information sur les tâches à effectuer, zone de lavage balisée.
- **La qualité du résultat** : absence de poussières, de salissures, de traces.

ENTRAÎNEMENT 10

Le bionettoyage de l'enceinte du réfrigérateur

Analyse de la situation

Qui êtes-vous ? Titulaire du CAP AEPE employé en tant qu'ATSEM.
Où ? École maternelle.
Quelles sont les tâches que vous allez effectuer ? Bionettoyer l'enceinte du réfrigérateur.
Quel est le moment de la journée ? Non renseigné.

Objectifs

Éliminer les salissures et les micro-organismes.

Matériels et produits

Une lavette, de l'eau, du détergent, de l'eau de Javel diluée ou de l'eau vinaigrée ou un désinfectant alimentaire.

Préparation

❶ Porter une tenue adaptée.
❷ Se laver les mains.

Organisation

Enlever les éléments à l'intérieur du réfrigérateur.

Exécution

❶ Nettoyer la cavité du réfrigérateur :
- faire le détourage de la surface interne du haut avec une lavette humide (eau + eau de Javel ou eau vinaigrée ou désinfectant alimentaire), passer à l'intérieur de la surface en faisant des bandes ;
- nettoyer chaque étagère du réfrigérateur de la même façon (un détourage et des bandes à l'intérieur de la surface) ;
- faire de même avec les deux surfaces du côté et terminer par la surface du bas ;
- rincer.

❷ Nettoyer les éléments du réfrigérateur dans l'évier.
❸ Vérifier le résultat : absence de salissures.

Rangement et nettoyage

❶ Ranger les éléments dans le réfrigérateur.
❷ Nettoyer et ranger le matériel.
❸ Se laver les mains.

Critères d'évaluation

- **L'organisation et l'ergonomie** : présence du matériel et des produits, ordre logique des opérations.
- **L'hygiène** : respect du circuit propre/sale, tenue propre.
- **La sécurité** : respect des consignes d'utilisation des produits et des matériels ; port de gants.
- **L'économie** : pas d'utilisation de matériel ou de produits non indispensables à la tâche.
- **La communication** : information sur les tâches effectuées.
- **La qualité du résultat** : absence de salissures, de traces.

ENTRAÎNEMENT 11

Le repassage et le pliage de deux torchons

Analyse de la situation

Qui êtes-vous ? Titulaire du CAP AEPE.
Où ? EAJE.
Quelles sont les tâches que vous allez effectuer ? Repasser et plier deux torchons de cuisine.
Quel est le moment de la journée ? Non renseigné.

Objectifs

Défroisser, assainir le linge et faciliter le rangement.

Matériels et produits

Une table à repasser, un fer à repasser, un plan de travail pour déposer le linge repassé ou une corbeille à linge, deux torchons.

Préparation

1. **Porter une tenue adaptée.**
2. **Se laver les mains.**
3. **Préparer la table à repasser** à la bonne hauteur, le fer à repasser, la corbeille à linge.
4. **Préparer le matériel et les produits,** tri du linge en fonction du textile (position du thermostat).

Exécution

1. **Disposer le torchon à plat sur la planche à repasser.**
2. **Repasser les contours** puis les grandes surfaces internes.
3. **Repasser dans le sens du « droit fil ».**
4. **Déposer le torchon sur le plan de travail** ou la corbeille et reprendre le deuxième.

Rangement et nettoyage

1. **Arrêter le fer** (baisser le thermostat), le débrancher (faire attention à la sécurité : le mettre à l'écart de tout risque de brûlure).
2. **Ranger** la table à repasser.
3. **Ranger** les torchons.

Critères d'évaluation

- **L'organisation et l'ergonomie** : mise à disposition du matériel, table à repasser à la bonne hauteur.
- **L'hygiène** : respect du circuit propre/sale, tenue propre.
- **La sécurité** : respect des consignes d'utilisation du fer à repasser.
- **L'économie** : pas d'utilisation de matériel ou de produits non indispensables à la tâche.
- **La communication** : information sur les tâches à effectuer, zone de repassage balisée.
- **La qualité du résultat** : absence de salissures, de plis, rangement esthétique.

ENTRAÎNEMENT 12

La couture de deux boutons sur un gilet

Analyse de la situation

Qui êtes-vous ? Titulaire du CAP AEPE employé en tant qu'ATSEM.
Où ? École maternelle.
Quelles sont les tâches que vous allez effectuer ? Recoudre deux boutons sur un gilet.
Quel est le moment de la journée ? Non renseigné.

Objectifs

Redonner vie à des vêtements.

Matériel

Une aiguille, les deux boutons du gilet, du fil de la même couleur que les boutons, des ciseaux, une chaise et une table.

Exécution

1. **Passer l'aiguille et le fil à travers la maille du gilet et le trou du bouton** (emplacement de l'ancien bouton).
2. **Faire plusieurs passages jusqu'à ce que le bouton tienne.**
3. **Couper le fil et faire un nœud.**
4. **Recommencer de la même façon pour le second bouton.**

Rangement

1. **Ranger le fil, l'aiguille et les ciseaux.**
2. **Ranger la table et la chaise.**
3. **Ranger le gilet.**

Critères d'évaluation

- **L'organisation et l'ergonomie** : mise à disposition du matériel, ordre logique des opérations, position assise pour coudre.
- **L'hygiène** : tenue et mains propres.
- **La sécurité** : rangement des aiguilles hors de portée des enfants.
- **L'économie** : pas de gaspillage du fil de couture.
- **La communication** : information de la couture des boutons du gilet à la personne concernée.
- **La qualité du résultat** : boutons bien fixés, fil de couture non voyant sur le bouton (de la même couleur que le gilet).

ENTRAÎNEMENT 13

La couture de deux boutons de chemise

Analyse de la situation

Qui êtes-vous ? Titulaire du CAP AEPE.
Où ? EAJE.
Quelles sont les tâches que vous allez effectuer ? Recoudre deux boutons sur une chemise.
Quel est le moment de la journée ? Non renseigné.

Objectif

Redonner vie à des vêtements.

Matériel

Une aiguille, les deux boutons de chemise, du fil de la même couleur que les boutons, des ciseaux, une chaise et une table.

Exécution

❶ **Passer l'aiguille et le fil à travers le tissu et le trou du bouton** (emplacement de l'ancien bouton).
❷ **Faire plusieurs passages** jusqu'à ce que le bouton tienne.
❸ **Couper le fil et faire un nœud.**
❹ **Recommencer** de la même façon pour le second bouton.

Rangement

❶ **Ranger** le fil, l'aiguille et les ciseaux.
❷ **Ranger** la table et la chaise.
❸ **Ranger** la chemise.

Critères d'évaluation

- **L'organisation et l'ergonomie** : mise à disposition du matériel, ordre logique des opérations, position assise pour coudre.
- **L'hygiène** : tenue et mains propres.
- **La sécurité** : rangement des aiguilles hors de portée des enfants.
- **L'économie** : pas de gaspillage du fil de couture.
- **La communication** : information de la couture des boutons de chemise à la personne concernée.
- **La qualité du résultat** : boutons bien fixés, fil de couture non voyant sur le bouton (de la même couleur que la chemise).

ENTRAÎNEMENT 14

Une stérilisation à froid de biberons

Analyse de la situation

Qui êtes-vous ? Titulaire du CAP AEPE.
Où ? EAJE.
Quelles sont les tâches que vous allez effectuer ? Stériliser à froid trois biberons.
Quel est le moment de la journée ? Non renseigné.

Objectif

Détruire les micro-organismes.

Matériels et produits

Un comprimé de stérilisation pour les biberons, un bac de désinfection, une pince, des gants à usage unique, un tablier.

Préparation

1. **Porter une tenue adaptée.**
2. **Se laver les** mains, mettre les gants.
3. **Préparer le lieu.**
4. **Préparer le matériel et les produits :** préparer la solution désinfectante dans le bac de stérilisation (dosage selon les indications de l'étiquette des comprimés).

Exécution

1. **Nettoyer avec un détergent** (« savon vaisselle ») et à l'aide d'un écouvillon les trois biberons et les parties creuses : la tétine du biberon, le capuchon, le pas de vis (si les biberons ne sont pas lavés).
2. **Rincer à l'eau** et faire égoutter.
3. **Tremper le matériel dans la solution désinfectante** (bac de stérilisation et noter la date, l'heure) : immerger 10 à 20 minutes selon les produits.
4. **Rincer et sécher le matériel** et reconstituer les biberons (remettre les tétines et les capuchons).

Rangement et nettoyage

1. **Nettoyer et désinfecter** le bac de désinfection.
2. **Désinfecter** les écouvillons.
3. **Se laver les mains.**

Critères d'évaluation

- **L'organisation et l'ergonomie** : mise à disposition du matériel et des produits, ordre logique des opérations.
- **L'hygiène** : respect du circuit propre/sale, tenue propre, port de gants (désinfection chimique).
- **La sécurité** : respect des consignes d'utilisation des produits et des appareils ; port de gants.
- **L'économie** : pas d'utilisation de matériel ou de produits non indispensables à la tâche, respect des doses pour l'utilisation du désinfectant (comprimé).
- **La communication** : information sur les tâches à effectuer.
- **La qualité du résultat** : absence de salissures, de traces.

ENTRAÎNEMENT 15

Le nettoyage d'un four à micro-ondes

Analyse de la situation

Qui êtes-vous ? Titulaire du CAP AEPE.
Où ? EAJE.
Quelles sont les tâches que vous allez effectuer ? Nettoyer le four à micro-ondes.
Quel est le moment de la journée ? Non renseigné.

Objectif

Éliminer les salissures et les micro-organismes.

Matériels et produits

Une lavette, de l'eau, un détergent.

Préparation

❶ **Porter une tenue adaptée.**

❷ **Se laver les mains.**

Organisation

Enlever les éléments à l'intérieur du micro-ondes : plateau tournant.

Exécution

❶ **Nettoyer la cavité du micro-ondes :**
– faire le détourage de la surface interne du haut avec une lavette humide puis passer à l'intérieur de la surface en faisant des bandes ;
– faire de même avec les deux surfaces du côté et terminer par la surface du bas de la même façon (détourage puis faire des bandes à l'intérieur de la surface).

❷ **Nettoyer le plateau tournant** dans l'évier avec un détergent pour vaisselle.

❸ **Vérifier le résultat :** vérifier l'absence de salissures.

Rangement et nettoyage

❶ **Ranger** le plateau dans le four micro-ondes.

❷ **Nettoyer** et ranger le matériel.

❸ **Se laver les mains.**

Critères d'évaluation

- **L'organisation et l'ergonomie** : présence du matériel et des produits, ordre logique des opérations.
- **L'hygiène** : respect du circuit propre/sale, tenue propre.
- **La sécurité** : respect des consignes d'utilisation des produits et des matériels ; port de gants.
- **L'économie** : pas d'utilisation de matériel ou de produits non indispensables à la tâche.
- **La communication** : information sur les tâches effectuées.
- **La qualité du résultat** : absence de salissures, de traces.

ENTRAÎNEMENT 16

Le lavage du sol de la cuisine

Analyse de la situation

Qui êtes-vous ? Titulaire du CAP AEPE employé en tant qu'ATSEM.
Où ? École maternelle.
Quelles sont les tâches que vous allez effectuer ? Réaliser le lavage du sol de la cuisine.
Quel est le moment de la journée ? Non renseigné.

Objectif

Éliminer les salissures et les micro-organismes (le lavage complète le dépoussiérage).

Matériels et produits

Un chariot de lavage, une presse, un seau bleu (solution détergent), un seau rouge (eau de rinçage), un balai de lavage, un bandeau de lavage, des gants.

Préparation

1. **Porter une tenue adaptée.**
2. **Se laver les mains**, mettre les gants.
3. **Préparer le lieu** (aérer le couloir si possible).
4. **Préparer le matériel et les produits :** préparer la solution détergente dans le seau bleu (dosage selon les indications de l'étiquette : 8 litres pour une dose), remplir le seau rouge d'eau claire, installer les seaux et la presse sur le chariot.

Organisation

Le chariot reste en retrait de la surface du couloir à nettoyer.

Exécution

1. **Tremper le bandeau de lavage dans la solution détergente** et essorer en utilisant la presse.
2. **Laver le sol :** détourage le long des murs (contour du couloir), puis lavage à reculons en tirant le balai vers soi, en faisant des mouvements en S sur le sol (« à la godille »).
3. **Rincer le bandeau** dans le seau rouge et essorer (certains produits ne se rincent pas).
4. **Vérification du résultat :** vérifier l'absence de salissures.

Rangement et nettoyage

1. **Mettre les bandeaux au sale** (lavage en machine).
2. **Nettoyer et ranger** le matériel.
3. **Se laver les mains.**

Critères d'évaluation

- **L'organisation et l'ergonomie** : mise à disposition du matériel et des produits, ordre logique des opérations.
- **L'hygiène** : respect du circuit propre/sale, tenue propre.
- **La sécurité** : respect des consignes d'utilisation des produits et des matériels ; port de gants.
- **L'économie** : pas d'utilisation de matériel ou de produits non indispensables à la tâche, respect des doses pour l'utilisation du détergent, quantité suffisante de détergent en fonction de la surface.
- **La communication** : information sur les tâches à effectuer, zone de lavage balisée.
- **La qualité du résultat** : absence de poussières, de salissures, de traces.

Le nettoyage du sol de la salle de jeu

Analyse de la situation

Qui êtes-vous ? Titulaire du CAP AEPE.
Où ? ACM.
Quelles sont les tâches que vous allez effectuer ? Réaliser le nettoyage du sol de la salle de jeu.
Quel est le moment de la journée ? Non renseigné.

Objectif

Éliminer les salissures et les micro-organismes (le lavage complète le dépoussiérage).

Matériels et produits

Un chariot de lavage, une presse, un seau bleu (solution détergent), un seau rouge (eau de rinçage), un balai de lavage, un bandeau de lavage, des gants.

Préparation

1. **Porter une tenue adaptée.**
2. **Se laver les mains, mettre les gants.**
3. **Préparer le lieu** (aérer le couloir si possible).
4. **Préparer le matériel et les produits :** préparer la solution détergente dans le seau bleu (dosage selon les indications de l'étiquette : 8 litres pour une dose), remplir le seau rouge d'eau claire, installer les seaux et la presse sur le chariot.

Organisation

Le chariot reste en retrait de la surface du couloir à nettoyer.

Exécution

1. **Tremper le bandeau de lavage dans la solution détergente** et essorer en utilisant la presse.
2. **Laver le sol :** détourage le long des murs (contour du couloir), puis lavage à reculons en tirant le balai vers soi, en faisant des mouvements en S sur le sol (« à la godille »).
3. **Rincer le bandeau** dans le seau rouge et essorer (certains produits ne se rincent pas).
4. **Vérification du résultat :** vérifier l'absence de salissures.

Rangement et nettoyage

1. **Mettre les bandeaux au sale** (lavage en machine).
2. **Nettoyer et ranger** le matériel.
3. **Se laver les mains.**

Critères d'évaluation

- **L'organisation et l'ergonomie** : mise à disposition du matériel et des produits, ordre logique des opérations.

– **L'hygiène** : respect du circuit propre/sale, tenue propre.
– **La sécurité** : respect des consignes d'utilisation des produits et des matériels ; port de gants.
– **L'économie** : pas d'utilisation de matériel ou de produits non indispensables à la tâche, respect des doses pour l'utilisation du détergent, quantité suffisante de détergent en fonction de la surface.
– **La communication** : information sur les tâches à effectuer, zone de lavage balisée.
– **La qualité du résultat** : absence de poussières, de salissures, de traces.

ENTRAÎNEMENT 18

Le repassage de vêtements d'enfants

Analyse de la situation

Qui êtes-vous ? Titulaire du CAP AEPE.
Où ? EAJE.
Quelles sont les tâches que vous allez effectuer ? Repasser des vêtements d'enfants.
Quel est le moment de la journée ? Non renseigné.

Objectif

Défroisser, assainir le linge, et faciliter le rangement.

Matériels et produits

Une table à repasser, un fer à repasser, un plan de travail ou une corbeille à linge.

Préparation

1. **Porter une tenue adaptée.**
2. **Se laver les mains.**
3. **Préparer le lieu** : table à repasser à la bonne hauteur, fer à repasser, plan de travail ou corbeille à linge.
4. **Préparer le matériel et les produits** : tri du linge en fonction du textile (position du thermostat).

Exécution

1. **Disposer le linge sur la planche à repasser.**
2. **Repasser les détails** (cols, poignets, manches) puis les grandes surfaces.
3. **Repasser sur l'endroit et sur l'envers** et dans le sens du « droit fil ».
4. **Déposer le linge sur le plan de travail** ou la corbeille et prendre un nouveau vêtement.

Rangement et nettoyage

1. **Arrêter le fer** (baisser le thermostat), le débrancher (faire attention à la sécurité).
2. **Ranger** la table à repasser.
3. **Ranger** le linge.

Critères d'évaluation

- **L'organisation et l'ergonomie** : mise à disposition du matériel et des produits, ordre logique des opérations.
- **L'hygiène** : respect du circuit propre/sale, tenue propre.
- **La sécurité** : respect des consignes d'utilisation des produits et des matériels ; port de gants.
- **L'économie** : pas d'utilisation de matériel ou de produits non indispensables à la tâche, respect des doses pour l'utilisation du détergent, quantité suffisante de détergent en fonction de la surface.
- **La communication** : information sur les tâches à effectuer, zone de lavage balisée.
- **La qualité du résultat** : absence de poussières, de salissures, de traces.

ENTRAÎNEMENT 19

Le balayage humide du sol de la salle des maîtres

Analyse de la situation

Qui êtes-vous ? Titulaire du CAP AEPE employé en tant qu'ATSEM.
Où ? École maternelle.
Quelles sont les tâches que vous allez effectuer ? Effectuer un balayage humide du sol de la salle des maîtres.
Quel est le moment de la journée ? Non renseigné.

Objectif

Collecter les poussières, facteurs de micro-organismes, pour éviter la suspension dans l'environnement.

Matériels et produits

Un balai trapèze, une gaze jetable pré-imprégnée d'un agglutinant, une pelle, une poubelle.

Préparation

❶ **Porter une tenue adaptée.**
❷ **Se laver les mains.**
❸ **Préparer le lieu**, fermer les fenêtres.
❹ **Préparer le matériel et les produits** : fixer la gaze sur le balai.

Organisation

Le chariot reste à l'extérieur de la pièce.

Exécution

❶ **Le détourage :** se mettre devant la porte et balayer en faisant le contour de la pièce, le long des murs.
❷ **Le balayage :** se mettre au fond de la pièce (à l'opposé de la porte) et balayer à reculons en tirant le balai vers soi, en faisant des mouvements en S sur le sol (« à la godille »).
❸ **Vérification du résultat :** vérifier l'absence de salissures.

Rangement et nettoyage

1. **Décrocher la gaze** en la pliant pour récupérer les déchets.
2. **Jeter la gaze** et les déchets à la poubelle.
3. **Nettoyer et ranger** le matériel.
4. **Se laver les mains.**

Critères d'évaluation

- **L'organisation et l'ergonomie** : présence du matériel et des produits, ordre logique des opérations.
- **L'hygiène** : respect du circuit propre/sale, tenue propre.
- **La sécurité** : respect des consignes d'utilisation des produits et des matériels ; port de gants.
- **L'économie** : pas d'utilisation de matériel ou de produits non indispensables à la tâche, nombre de gazes suffisant.
- **La communication** : information sur les tâches effectuées.
- **La qualité du résultat** : absence de poussières, de salissures, de traces.

ENTRAÎNEMENT 20

L'entretien des tables et des chaises d'une salle de classe

Analyse de la situation

Qui êtes-vous ? Titulaire du CAP AEPE employé en tant qu'ATSEM.
Où ? École maternelle.
Quelles sont les tâches que vous allez effectuer ? Effectuer l'entretien des tables et des chaise de la salle de classe.
Quel est le moment de la journée ? Non renseigné.

Objectif

Éliminer les salissures et les micro-organismes.

Matériels et produits

Des lavettes bleues, deux seaux (pour la solution et pour le rinçage), un détergent (pour surface alimentaire), des gants.

Préparation

1. **Porter une tenue adaptée.**
2. **Se laver les mains**, mettre les gants.
3. **Préparer le lieu**, aérer la pièce.
4. **Préparer le matériel et les produits** : préparer la solution détergente.

Organisation

Enlever les éléments sur les tables et les chaises.

Exécution

1. **Mouiller la lavette de produit et la plier :** tremper dans le seau.
2. **Faire le détourage de la surface de la table**, puis passer la lavette à l'intérieur de la surface en faisant des bandes, puis faire les pieds de table.
3. **Faire le détourage des chaises**, les bords extérieurs puis les bandes à l'intérieur, d'abord la partie haute de la chaise puis la partie basse du siège, et terminer par les pieds des chaises.
4. **Rincer** si nécessaire selon le produit.
5. **Effectuer le nettoyage des autres ilôts de tables et de chaises.**
6. **Vérification du résultat :** vérifier l'absence de salissures et de traces.

Rangement et nettoyage

1. **Mettre les lavettes au sale** (lavage en machine).
2. **Nettoyer et ranger** le matériel.
3. **Se laver les mains.**

Critères d'évaluation

- **L'organisation et l'ergonomie** : présence du matériel et des produits, ordre logique des opérations.
- **L'hygiène** : respect du circuit propre/sale, tenue propre.
- **La sécurité** : respect des consignes d'utilisation des produits et des matériels ; port de gants.
- **L'économie** : pas d'utilisation de matériel ou de produits non indispensables à la tâche.
- **La communication** : information sur les tâches effectuées.
- **La qualité du résultat** : absence de salissures, de traces.

Entraînement à l'EP3

Exercer son activité en accueil individuel

- Tout savoir sur l'EP3
- Connaissances théoriques
- Connaissances pratiques
- Connaissances techniques

Tout savoir sur l'EP3

Cette partie vise à vous aider à élaborer votre projet d'accueil qui sera à présenter lors de **l'épreuve EP3 « Exercer son activité en accueil individuel »**. Vous aurez pour cela un temps de préparation d'1 h30 à partir d'un ensemble documentaire (à moins que vous n'ayez choisi de présenter votre propre projet en tant qu'AMA). Le coefficient de l'épreuve est de 4.

1 Rappels des textes officiels

Les activités concernées sont :
– exercer son activité a son domicile, celui des parents ou en maison d'assistants maternels.

Les compétences attendues sont :
– organiser son action, négocier le cadre de l'accueil ;
– assurer les opérations d'entretien du logement et des espaces réservés à l'enfant ;
– élaborer des repas.

C'est une **épreuve orale** qui repose sur exposé du candidat suivi d'un entretien d'une durée totale de 25 minutes.

Le candidat présente un projet d'accueil élaboré à partir d'un ensemble documentaire.

Si vous êtes assistante maternelle agréée ou employé à domicile :

Vous avez la possibilité de présenter votre propre projet d'accueil en tant qu'assistance maternelle agrée qui prend appui sur le contexte d'intervention professionnel du domicile.
Si vous faites ce choix au moment de l'inscription au diplôme, il faut **déposer un dossier présentant le projet d'accueil à la date fixée par le Recteur** (5 pages au maximum).
En l'absence du dépôt du projet d'accueil à la date fixée par le Recteur, le candidat n'est pas autorisé à passer l'épreuve.

Si vous n'êtes pas AMA :

Vous préparerez dans ce cas un projet d'accueil à partir des éléments qui vous seront donnés dans les documents lors de l'examen.
Vous disposerez **alors de 1 h30** de préparation.

Dans les deux cas **votre projet doit** être structuré et présenter aux parents les grandes lignes de votre projet : vos valeurs, votre fonctionnement, votre organisation…

Si vous préparez un projet d'accueil à partir des éléments qui vous sont donnés lors des épreuves d'examen alors il **faudra construire votre projet selon un plan et préparer votre exposé oral** pendant le temps qui vous est proposé. Gardez au moins 15 minutes pour préparer l'oral.

Le projet d'accueil précise les modalités d'accueil, notamment la prise en compte des habitudes et des besoins de l'enfant.

L'assistante maternelle doit pouvoir garantir la santé, la sécurité, l'épanouissement, l'éveil de l'enfant dans le cadre d'un projet éducatif concerté qui définit les engagements réciproques de l'assistante maternelle et des parents.

2 Proposition de plan de projet d'accueil

Le projet d'accueil doit être agréable à lire et à voir ; il doit être attrayant pour les parents. Il est possible de mettre des couleurs, des dessins, des photos... qui complètent ce qui est écrit.

Il faut veiller aux fautes d'orthographe.

Il ne doit pas dépasser les 5 pages et comporter :

- **la présentation du cadre d'accueil ;**
- **l'accueil et les pratiques éducatives ;**
- **l'engagement éthique et les obligations de l'assistante maternelle**

Proposition de plan de projet d'accueil :

1. Présentation du cadre d'accueil

1.1. Présentation personnelle
- identité et âge ;
- parcours personnel et professionnel ;
- agrément : date de validité, le nombre d'enfants autorisés par le Département, la dérogation éventuelle ;
- nom du conseil départemental ayant délivré l'agrément ;
- motivations.

1.2. Présentation de la famille
- conjoint
- enfants : nombre et âges (photos)... ;
- animaux ou pas : nom et photos

1.3. Présentation du lieu d'accueil
- secteur géographique ;
- type de logement : appartement ou maison : bacon, terrasse, jardin... aménagements de mise en sécurité ;
- nombre de pièces et agencement (plan ou description des différentes pièces) ;
- espaces prévus et attributions : espace de repos, espace de jeu, espace de jeu extérieur (balançoire, bac à sable...) ou parc public... ;
- coins des touts petits, des grands...

1.4. Présentation de l'assurance responsabilité civile professionnelle
- nom de l'assureur ;
- champ de la prise en charge

1.5. Présentation des formations

- formation assistante maternelle : date ;
- formations autres que petite enfance : secourisme, stages...

1.6. Présentation du rôle d'assistante maternelle

- identifier les besoins de l'enfant ;
- respecter le rythme de l'enfant ;
- veiller au confort et à la sécurité physique et psychique ;
- accompagner...

1.7. Présentation des collaborateurs

- la PMI (Protection Maternelle et Infantile) : la nommer et préciser son rôle ;
- la puéricultrice ;
- un relais d'assistante maternelle ?

1.8. Présentation des valeurs éducatives

- place laissée à la découverte, à l'épanouissement, à la socialisation, au développent de l'autonomie, l'hygiène, la sécurité ;
- mise en place de règles et de limites ;
- place des parents ;
- place de l'assistante maternelle...

1.5. Présentation des formations

- formation assistante maternelle : date ;
- formations autres que petite enfance : secourisme, stages...

1.6. Présentation du rôle d'assistante maternelle

- identifier les besoins de l'enfant ;
- respecter le rythme de l'enfant ;
- veiller au confort et à la sécurité physique et psychique ;
- accompagner...

1.7. Présentation des collaborateurs

- la PMI (Protection Maternelle et Infantile) : la nommer et préciser son rôle ;
- la puéricultrice ;
- un relais d'assistante maternelle ?

1.8. Présentation des valeurs éducatives

- place laissée à la découverte, à l'épanouissement, à la socialisation, au développent de l'autonomie, l'hygiène, la sécurité ;
- mise en place de règles et de limites ;
- place des parents ;
- place de l'assistante maternelle...

2.L'accueil et les pratiques éducatives

2.1. Organisation dans le temps

- horaires d'accueil, planning d'accueil ;
- adaptation : modalités de progressivité... ;
- planning prévisionnel.

2.2. Soins et accompagnement de l'enfant

- matériel de puériculture : lesquels et pour qui ;
- repos-sommeil : modalités du coucher (sur le dos, gigoteuse, température de la chambre, horaire...), surveillance de la sieste... ;
- doudou : sa place dans la journée et selon les moments ;
- jeux - activités - sorties : lesquels, quand et comment ;
- alimentation : alimentation lactée, diversifiée ; préparation par l'assistante maternelle, par les parents ; conservation de repas, place éducative des repas, alimentation sans viande, biologique, végétarienne... ;
- changes : organisation pour les changes, les produits utilisés, le matériel ;
- acquisition de la propreté : positionnement et place laissé à l'enfant.

2.3. Sécurité et santé de l'enfant

- les mesures prise lors des différentes activités ;
- contact avec les animaux : organisés ou non et comment ;
- accueil en cas de maladie, d'accident : les modalités d'alerte (personnes à prévenir, médecin traitant...) ;
- accueil de l'enfant fébrile : administration d'un médicament effectuée qu'avec l'accord écrit des parents, sur présentation de l'ordonnance datée et récente de moins de 3 mois précisant parfaitement la posologie (*administration de médicaments est précisé dans la circulaire du 27 septembre 2011 : circulaire n°2011-331*) ;
- prescriptions biquotidiennes : médicaments administrés par les parents eux-mêmes.

3. Engagement éthique et obligations de l'assistante maternelle

Pour conclure vous pouvez préciser vos engagements et rappeler vos obligations en tant qu'assistante maternelle :

- engagement à apporter les soins appropriés à l'âge de l'enfant ;
- engagement à favoriser le développement de l'enfant dans le respect des choix éducatifs des parents ;
- respect du secret professionnel ;
- mise en place d'une relation de confiance ;
- obligation de signalement des mauvais traitements de l'enfant ;
- ...

3 Quelques conseils pour l'oral

Votre exposé doit suivre **le plan** (introduction, présentation du projet, conclusion) ; les phrases doivent être correctes, il vaut mieux éviter les longues phrases et les longs paragraphes.

Votre exposé peut se faire en suivant le plan de votre projet d'accueil.

■ L'introduction = présentation du cadre d'accueil

Cette introduction vous permet **de vous présenter**, de **présenter votre parcours professionnel**, vos **projets professionnels** dans le cadre l'exercice du métier d'assistante maternelle.

Vous présenterez soit votre lieu d'exercice s'il s'agit de votre propre projet d'accueil **soit le lieu d'exercice qui vous est proposé par les documents** lors de l'épreuve.

■ La mise en œuvre du projet = l'accueil et les pratiques éducatives

Vous présenterez l'ensemble des éléments qui participent à l'accueil de l'enfant : l'organisation dans le temps, les soins et l'accompagnement, la sécurité et la santé de l'enfant.

■ La conclusion = engagement éthique et obligations de l'assistante maternelle

Pour conclure vous pourrez insister sur votre posture éthique et professionnelle en précisant vos engagements et en rappelant vos obligations.

4 Quelques conseils pour l'entretien à la suite de l'exposé

Cet entretien permet au jury de vous questionner sur le contexte d'intervention professionnel du domicile.

Lors de l'entretien :

- utilisez un langage simple et précis ;
- parlez clairement : ni trop vite ni trop lentement ;
- adoptez une attitude professionnelle ;
- montrez vos capacités d'analyse des documents donnés ;
- soyez attentif aux questions du jury, essayez d'y répondre en vous appuyant sur votre expérience et sur les informations données dans les documents ;
- justifiez vos choix.

ENTRAÎNEMENT 1

Intitulé de la situation

Vous êtes assistant(e) maternel(le) à la crèche familiale de votre commune. Vous habitez un pavillon avec un jardin clos proche de la ludothèque, de la bibliothèque et du service de la petite enfance de la commune.

Vous accueillez 3 enfants, Léo 12 mois, Benjamin 2 ans, Sophie 3 ans, du lundi au vendredi.

La maman de Léo dépose son fils à 7 h 30 et le reprend à 17 h après son travail. Le matin, en le déposant, elle vous signale que Léo n'a pas voulu prendre son petit déjeuner et que ses selles du matin sont liquides.

Sophie arrive le matin à 8 h 30 accompagnée par son papa qui la récupère le soir à 18 h. Benjamin est déposé par sa maman à 8 h, qui vient le chercher le soir à 18 h.

Aujourd'hui jeudi, vous allez réaliser une activité de « déco patch » (déchirer et coller des morceaux de papier) avec Sophie pendant que Benjamin et Léo font la sieste. Sophie va décorer un cœur en médium (bois) pour dimanche, jour de la fête des mères.

Léo a la diarrhée depuis le matin. Vous aviez prévu pour le repas de midi poulet grillé, purée de courgettes, petit suisse, pêches coupées en morceaux.

1 Complétez le tableau ci-dessous.

Menu	Groupes d'aliments	Rôles
Poulet grillé	....	....
Purée de courgettes	....	....
Petit suisse	....	....
Pêches	....	....

2 Vous devez lui proposer un repas adapté à son trouble digestif. Proposez 2 modifications à apporter à ce menu pour limiter sa diarrhée.

....

....

....

....

....

3 Citez deux raisons pour lesquelles Léo, 12 mois, peut consommer habituellement des fruits et légumes crus en morceaux. Justifiez votre réponse.

– ....

– ....

4 Pour entretenir votre cuisine vous utilisez des produits d'entretien où figurent sur l'étiquette les symboles suivants.

4.1 Indiquez à côté de chaque symbole leur signification.

Produit n° 1

....

....

Produit n° 2

....

....

4.2 Indiquez 2 conditions de rangement de ces produits d'entretien et justifier.

....

....

....

....

....

C'est bientôt l'heure du repas des enfants, il est pris dans la cuisine. Vous avez cuit la purée de courgettes à l'autocuiseur et préparé le poulet. La machine à laver fonctionne, la radio est allumée.

5 Citez 2 facteurs d'hygiène et de confort pour le bon déroulement du repas.

– ....

– ....

Votre presse-purée électrique est resté branché sur le plan de travail pendant la préparation du repas.

6 Proposez 2 mesures de sécurité à respecter lors de l'utilisation d'un matériel électrique.

– ....

– ....

ENTRAÎNEMENT 2

Intitulé de la situation

Vous êtes assistant(e) maternel(le) indépendant(e). Vous avez obtenu, il y a quatre mois, un agrément pour l'accueil, à votre domicile, de trois enfants.

Vous habitez un appartement en rez-de-chaussée, à proximité d'un parc et d'un relais d'assistants maternels. Vous disposez de deux chambres pour la sieste des enfants, d'une salle de bain, d'un salon-salle à manger, d'une cuisine et de toilettes.

Vous accueillez, du lundi au vendredi, Amélie âgée de 1 an de 8 h 30 à 18 h, Joël 6 mois et son frère Gabriel âgé de 2 ans de 7 h 30 à 17 h.

Chaque jour, c'est le même rituel. Après le bisou du matin, vous écoutez la maman et le papa raconter comment s'est déroulée la soirée, la nuit, et le lever de l'enfant. Puis vient ensuite le moment de la séparation. Mais depuis une semaine, Amélie se met à pleurer systématiquement lorsque sa maman vous la confie.

Joël est grognon depuis la vieille. Sa maman vous annonce que sa gencive est bien rouge et que l'on commence à apercevoir sa première dent.

Ce matin, il fait beau et chaud. Vous allez au parc avec les enfants. Gabriel bouscule une petite fille dans le bac à sable. Il lui prend sa pelle et ne veut plus la lui rendre.

1 Énoncez deux conditions d'agrément d'un(e) assistant(e) maternel(le).

– ....

– ....

2 Indiquez un partenaire professionnel de l'assistant(e) maternel(le).

– ....

3 Indiquez le temps de repos et sa répartition dans la journée chez l'assistant(e) maternel(le) pour Amélie.

....

....

....

....

....

4 Énoncez quatre moyens mis en œuvre pour assurer l'hygiène et le confort de la chambre des enfants au moment de la sieste.

– ....

– ....

5 Indiquez l'âge moyen du début de la diversification alimentaire :

☐ 3 mois

☐ 6 mois

☐ 1 an

6 **Citez deux intérêts du passage d'une alimentation lactée exclusive à une alimentation diversifiée.**

– ....

– ....

ENTRAÎNEMENT 3

Intitulé de la situation

Vous êtes assistante maternelle indépendante agréée par le Conseil Départemental. Vous êtes propriétaire d'une maison à la campagne avec un jardin clôturé et vous accueillez à votre domicile deux enfants à la journée : Hugo, 8 mois et Valentine, 2 ans 1/2.

Les parents d'Hugo sont mariés depuis deux ans. Son père le dépose à 7 h 30 et le reprend à 17 h 00 après son travail. Depuis quelques temps, il pleure au départ de son père et se console avec son doudou.

Ce matin, le papa d'Hugo vous signale qu'il n'a pas eu le temps de le changer et qu'il présente un début d'érythème fessier. Valentine arrive le matin avec sa mère à 7 h 00. Elle la reprend le soir après 18 h 00. Les parents de Valentine sont divorcés ; elle vit avec sa mère qui s'est remariée, son mari a un grand fils qui vit avec eux.

C'est une enfant qui pose beaucoup de questions. Sa maman s'inquiète car Valentine n'est pas propre. Vous êtes vous-même maman d'un petit Théo, 4 ans qui fréquente l'école maternelle située à 10 minutes à pied.

Il est 7 h 30, vous accueillez Hugo.

Vous avez élaboré un menu pour Valentine.

1 **Reliez par une flèche chaque composant du menu au groupe d'aliments auquel il appartient et chaque groupe à ses principaux constituants alimentaires correspondants, en complétant le tableau :**

Menu	Groupes d'aliments	Principaux constituants alimentaires
Carottes râpées avec huile d'olive et citron	Fruits et légumes	Fibres, vitamines, eau, minéraux
Viande en petits morceaux	Fruits et légumes + céréales et féculents	Protides
Légumes verts Pommes de terre vapeur	Produits laitiers	Glucides complexes
Noisette de beurre	Viande, poisson, œuf	Fibres, vitamines, eau, minéraux + Glucides complexes
Tranche de pain	Corps gras	Calcium, protides
Yaourt	Céréales, féculents	Lipides, Vitamine A

2 Vous préparez un biberon de lait pour Hugo. Indiquez l'intérêt nutritionnel des produits laitiers dans l'alimentation d'Hugo (2 réponses attendues).

– ....

– ....

ENTRAÎNEMENT 4

Intitulé de la situation

Vous êtes assistante maternelle et accueillez Marion, 8 mois, à raison de quatre jours par semaine, de 7 h 00 à 15 h 00 et Paul, 3 ans, de 11 h 30 à 13 h 30, pour le déjeuner et uniquement les jours d'école.

Vous organisez le repas de midi pour les deux enfants.

Il est 10 h 45, vous donnez le repas de Marion et la changez avant de partir à l'école chercher Paul. L'école se trouve à 10 minutes à pied de chez vous. il fait froid, c'est l'hiver.

Caractéristiques des enfants

Marion

• ***Santé***

Marion pèse 8,5 kg et mesure 68 centimètres

• ***Développement psychomoteur***

Marion pleure en voyant des visages inconnus

• ***Adaptation***

Présente à votre domicile depuis l'âge de 4 mois, elle s'est très bien adaptée et apprécie les différents membres de votre famille.

• ***Particularités***

Elle réclame son doudou pour dormir.

Paul

• ***Santé***

Paul pèse 14 kg et mesure 94 centimètres

• ***Développement psychomoteur***

Paul est un enfant réservé qui aime les activités calmes. il a un excellent vocabulaire et forme des phrases complexes.

• ***Particularités***

Paul présente une sensibilité aux acariens.

1 Les repas de Marion

– Indiquez le type de lait adapté à Marion

....

– Citez un aliment protidique introduit vers 7 mois

....

2 Proposez un menu équilibré pour Paul

2.1 Sélectionnez des aliments dans la liste ci-dessous ; les souligner puis les reporter dans le tableau.

Frites – glaces – poisson – épinards – yaourt – carottes – pommes – céleri râpé – riz – salade verte – escalope de poulet – éclair au chocolat – saucisson – pain – beurre – crème – haricots verts – fromage fondu – compote de fruits – raisins – crème dessert – pâtes – steak haché.

2.2 À l'aide de cette liste, complétez le tableau suivant en précisant le groupe alimentaire correspondant aux aliments sélectionnés.

Menu	Groupe alimentaire
Céleri râpé	Légumes et fruits

ENTRAÎNEMENT 5

Intitulé de la situation

Vous êtes assistante maternelle et accueillez :

– Matthieu, 2 ans 1/2 pour la journée le mercredi et de 11 h 30 à 19 h 00 les autres jours,

– Zohra 7mois, régulièrement à votre domicile jusqu'à 16 h 30.

Vous organisez le repas de midi pour les deux enfants.

Nous sommes mercredi, la maman de Matthieu dépose l'enfant à 10 h 00 et viendra le rechercher à 19 h 00. Elle vous demande de lui donner son bain.

Le papa de Zohra est arrivé tôt ce matin à 7 h 00, il viendra vers 16 h 30 pour la reprendre.

Carractéristiques des enfants

Zohra

- ***Santé***

Zohra pèse 7 kg et mesure 65 centimètres

- ***Développement psychomoteur***

Elle tient assise dans sa chaise haute lors du repas

- ***Adaptation***

L'alimentation est diversifiée, elle s'est bien adaptée à son mode de garde

- ***Particularités***

Elle jette souvent sa tétine et porte la girafe ou ses mains à la bouche

Matthieu

- ***Santé***

Matthieu pèse 13 kg et mesure 85 centimètres

- ***Développement psychomoteur***

Il a acquis la propreté, il demande à aller sur le pot. Il court beaucoup lors des sorties et aime ramasser les objets qu'il trouve.

- ***Adaptation***

Il vient d'intégrer la maternelle seulement pour les matinées.

- ***Particularités***

C'est un enfant qui pose beaucoup de questions.

Proposez un menu équilibré pour Matthieu. Vous disposez des aliments suivants pour préparer le repas des enfants :
Pommes de terre – carottes – haricots verts – œufs – blanc de poulet – beurre – huile, pommes – yaourts – lait de vache – ALD 2e âge – petits pots de fruits (dès 6 mois) – oranges – eau minérale – sucre – pain.

Vous proposez à Matthieu le déjeuner suivant :
- carottes râpées à l'orange ;
- un petit blanc de poulet grillé ;
- des haricots verts + une noisette de beurre ;
- une tranche de pain ;
- un yaourt aux fruits.

1 Indiquez dans le tableau ci-dessous les groupes alimentaires de chaque préparation ainsi que le constituant alimentaire principal.

Menu	Groupes alimentaires	Constituant alimentaire principal
Carottes râpées	Végétaux frais	Vitamines, fibres, eau
Blanc de poulet grillé	....	....
Haricots verts	Végétaux frais	Vitamines, fibres, eau
Noisette de beurre	....	Lipides

Tranche de pain	....	....
Yaourt aux fruits	Produits laitiers	....

2 Énoncez l'intérêt nutritionnel des produits laitiers pour les jeunes enfants.

– ....

– ....

3 Adaptez le menu proposé pour Zohra sachant que ses parents n'ont pas encore introduit le groupe de viandes, poissons, œufs dans son alimentation.

– ....

4 Justifiez la texture des préparations servies à Zohra.

– ....

ENTRAÎNEMENT 6

Intitulé de la situation

Vous travaillez dans une famille de 3 enfants ; la maman revient de la maternité avec Camille âgée de 2 semaines ; la maman vous demande de vous occuper du change d'Emma 16 mois qui présente un érythème fessier ; Noa, l'aîné, a 2 ans ½. Noa n'est pas encore propre mais vous avez l'impression qu'il est demandeur ces derniers temps pour aller sur le pot.

1 Donnez 2 intérêts du lait dans l'alimentation du bébé.

– ....

– ....

2 Indiquez l'intérêt d'introduire des viandes et des poissons dans l'alimentation du jeune enfant

....

3 Indiquez 2 facteurs d'hygiène d'un logement recevant des enfants. Justifiez

– ....

– ....

ENTRAÎNEMENT 7

1 Donnez 2 intérêts du lait dans l'alimentation du bébé.

– ....

- ....

2 Précisez pourquoi passe-t-on du lait 1er âge au lait 2e âge?

– ....

– ....

3 Précisez les conditions de rangement sécurisé des produits utilisés en milieu familial : médicaments, produits d'entretien...

– ....

– ....

Retrouvez tous vos corrigés p. 214

ENTRAÎNEMENT 1

Intitulé de la situation

Vous êtes assistant(e) maternel(le) en crèche familiale et vous accueillez à votre domicile deux enfants : Justine, 6 mois, et Myriam, 2 ans et demi, du mardi au vendredi de 9 heures à 19 heures. En plus, le mercredi, vous gardez Lassana, 4 ans. Vous habitez un pavillon de type F5 avec une cuisine américaine.

Vous devez :

☒ Préparer une tarte aux pommes.

Vous devez :

☒ Analyser la situation.

☒ Organiser vos tâches et préparer le matériel.

☒ Remettre en état le poste de travail et le matériel.

Tarte aux pommes

Denrées	Quantités	Gamme opératoire
Pâte brisée prête à l'emploi Pommes Sucre vanillé Compote de pommes	1 4 1 sachet 1 pot	– Préchauffer le four à 180 °C (th. 6). – Dérouler la pâte et la disposer dans un moule à tarte. – Laver, éplucher et découper les pommes en lamelles. – Étaler la compote sur le fond de la tarte. – Disposer ensuite les pommes. – Cuire 45 minutes à 180 °C (th. 6).

ENTRAÎNEMENT 2

Intitulé de la situation

Vous travaillez en crèche familiale et vous accueillez à votre domicile du lundi au vendredi de 8 heures à 18 heures deux enfants : Michel 9 mois et Sophie 2 ans et demi.

Vous devez :

☒ Préparer pour le goûter de Sophie un gâteau roulé fourré à la fraise.

Vous devez :

☒ Analyser la situation.

☒ Organiser vos tâches et préparer le matériel.

☒ Remettre en état le poste de travail et le matériel.

Gâteau roulé à la fraise

Denrées	Quantités	Gamme opératoire
Farine Œufs Sucre en poudre Beurre Sel fin Sucre vanillé Confiture **Finition :** Sucre glace Papier sulfurisé	90 g 3 90 g 15 g À disposition 1 sachet À disposition À disposition	– Casser les œufs en séparant le jaune du blanc. – Dans un saladier, mélanger les jaunes avec le sucre. – Ajouter petit à petit la farine, le sucre vanillé. – Battre les blancs en neige. – Incorporer les blancs à la préparation. – Beurrer la plaque, puis verser la pâte dessus. – Mettre au four (th. 7) pendant 10 min. – Retirer le gâteau du four, rouler le biscuit avec le papier sulfurisé. – Laisser refroidir puis dérouler. – Étaler la confiture. – Rouler à nouveau. – Décorer avec le sucre glace.

ENTRAÎNEMENT 3

Intitulé de la situation

Vous êtes assistant(e) maternel(le) à domicile. Vous gardez deux enfants : Ornella 4 ans, présentant aujourd'hui une diarrhée, et Victor 7 ans.

Vous devez :

☒ Préparer une purée de pommes de terre/courgettes-jambon.

Vous devez :

☒ Analyser la situation.

☒ Organiser vos tâches et préparer le matériel.

☒ Remettre en état le poste de travail et le matériel.

Purée de pommes de terre/courgettes-jambon

Denrées	Quantités	Gamme opératoire
Pommes de terre Courgettes Beurre Sel Muscade Lait Jambon	500 g 2 20 g À disposition À disposition À disposition 2 tranches	– Préparer les pommes de terre et les courgettes. – Cuire les légumes. – Écraser finement ou mixer. – Ajouter le lait chaud, le beurre et la muscade. – Rectifier l'assaisonnement. – Présenter dans un plat accompagné des tranches de jambon.

ENTRAÎNEMENT 4

Intitulé de la situation

Vous êtes assistant(e) maternel(le) agréé(e) et vous participez aujourd'hui à un regroupement en RAM.

Vous devez :

☒ Réaliser pour quatre enfants de 2 à 3 ans un assortiment de crudités.

Vous devez :

☒ Analyser la situation.

☒ Organiser vos tâches et préparer le matériel.

☒ Remettre en état le poste de travail et le matériel.

Salade de crudités

Denrées	Quantités	Gamme opératoire
Tomates Betterave Concombre Maïs Huile Vinaigre Sel et poivre	2 1 ½ ½ boîte À disposition À disposition À disposition	– Laver et éplucher les légumes. – Couper les légumes. – Présenter dans un plat. – Assaisonner.

ENTRAÎNEMENT 5

Intitulé de la situation

Vous êtes assistant(e) maternel(le) à domicile. Vous gardez deux enfants : Alice 3 ans et Robin 2 ans.

Vous devez :

☒ Préparer pour le goûter un gâteau marbré.

Vous devez :

☒ Analyser la situation.

☒ Organiser vos tâches et préparer le matériel.

☒ Remettre en état le poste de travail et le matériel.

Gâteau marbré

Denrées	Quantités	Gamme opératoire
Œufs Sucre Beurre Farine Levure chimique Chocolat à cuire	4 150 g 100 g 250 g ½ sachet 100 g	– Ramollir le beurre. – Mélanger le sucre et le beurre énergiquement. – Incorporer les œufs un par un. – Ajouter la farine et la levure. – Verser la moitié de la pâte dans un saladier. – Faire fondre le chocolat et l'ajouter à la pâte contenue dans le saladier. – Beurrer et fariner un moule à manquer ou un moule à cake. – Verser les deux préparations en alternance dans le moule. – Faire cuire à four moyen 150 °C durant 25 minutes et vérifier la cuisson avec la lame d'un couteau. – Démouler le gâteau sur la grille. – Laisser refroidir avant de servir.

ENTRAÎNEMENT 6

Intitulé de la situation

Vous êtes assistant(e) maternel(le) agréé(e) et vous accueillez du lundi au vendredi de 9 heures à 18 heures trois enfants à votre domicile : Léa 18 mois, Tom 2 ans et Théo 3 ans. Théo a mal au ventre, car il est constipé depuis la veille.

Vous devez :

☒ Préparer pour le déjeuner de Théo un gratin de courgettes au jambon.

Vous devez :

☒ Analyser la situation.

☒ Organiser vos tâches et préparer le matériel.

☒ Remettre en état le poste de travail et le matériel.

Gratin de courgettes au jambon

Denrées	Quantités	Gamme opératoire
Courgettes surgelées Beurre Farine Lait Gruyère râpé Dés de jambon Sel et poivre Muscade	300 g 20 g et une noisette (plat) 20 g 2 dL 40 g 100 g À disposition 1 pincée	– Préchauffer le four th. 6 (180 °C). – Cuire les courgettes. – Préparer la béchamel : mettre à fondre le beurre dans une casserole, ajouter la farine, puis peu à peu, ajouter le lait en remuant, saler, poivrer et ajouter la muscade. – Beurrer le plat à gratin. – Disposer les courgettes et les dés de jambon dans le plat. – Napper avec la béchamel. – Parsemer de gruyère. – Faire gratiner au four 20 minutes.

ENTRAÎNEMENT 7

Intitulé de la situation

Vous êtes assistant(e) maternel(le) agréé(e) et vous accueillez à votre domicile deux enfants de 3 ans, Emma et Maxime, du lundi au vendredi de 8 heures à 17 heures.

Vous devez :

☒ Préparer des crêpes fourrées à la confiture.

Vous devez :

☒ Analyser la situation.

☒ Organiser vos tâches et préparer le matériel.

☒ Remettre en état le poste de travail et le matériel.

Crêpes pour 2 personnes

Denrées	Quantités	Gamme opératoire
Farine Lait Œufs Sel Huile Confiture	250 g ½ L 3 1 pincée À disposition À disposition	Réaliser la pâte à crêpes : – Mettre la farine dans le saladier. – Faire une fontaine. – Casser les œufs et les battre. – Placer les œufs dans la farine, ajouter le sel et une cuillère d'huile, puis remuer. – Ajouter le lait progressivement. Faire cuire les crêpes. Fourrer les crêpes de confiture.

ENTRAÎNEMENT 8

Intitulé de la situation

Vous travaillez en tant qu'assistant(e) maternel(le) à domicile. Vous accueillez du mardi au vendredi, de 8 heures à 19 heures, deux enfants : Maxime et Arnaud, 2 ans ½ et 18 mois.

Vous devez :

☒ Préparer une purée de pommes de terre/carottes pour accompagner un steak haché.

Vous devez :

☒ Analyser la situation.

☒ Organiser vos tâches et préparer le matériel.

☒ Remettre en état le poste de travail et le matériel.

Purée pommes de terre/carottes pour 2 personnes

Denrées	Quantités	Gamme opératoire
Carottes Pomme de terre Lait Beurre Sel Eau	2 petites 1 grosse 50 mL 10 g 1 pincée À disposition	– Laver et éplucher les légumes. – Faire cuire les légumes et la pomme de terre dans l'eau salée ou à l'autocuiseur. – Mouliner les légumes et la pomme de terre. – Ajouter le beurre.

ENTRAÎNEMENT 9

Intitulé de la situation

Vous êtes assistant(e) maternel(le) rattaché(e) à la crèche familiale de votre commune. Vous accueillez sur une amplitude horaire de 8 h 30 à 18 heures, du lundi au vendredi, trois enfants : Amélie, 2 ans et son frère Gaspard, 5 mois et Hugo, 2 ans.

Vous devez :

☒ Préparer pour le goûter des enfants un gâteau aux abricots.

Vous devez :

☒ Analyser la situation.

☒ Organiser vos tâches et préparer le matériel.

☒ Remettre en état le poste de travail et le matériel.

Gâteau aux abricots

Denrées	Quantités	Gamme opératoire
Oreillons d'abricots appertisés Yaourt Farine Sucre en poudre Huile Œufs Levure chimique	6 1 pot 3 pots 2 pots ½ pot 2 1 paquet	– Préchauffer le four. – Mélanger yaourt, farine, sucre, huile et levure. – Ajouter les œufs. – Beurrer et fariner le moule. – Verser la préparation dans le moule. – Disposer les oreillons d'abricots. – Cuire 40 minutes à 180 °C (thermostat 6).

ENTRAÎNEMENT 10

Intitulé de la situation

Vous êtes assistant(e) maternel(le) agréé(e) à domicile et vous accueillez du lundi au vendredi deux enfants, Marion et Thomas, âgés respectivement de 3 et 2 ans. Afin de suivre les recommandations du Plan national nutrition santé, vous préparez une salade de fruits pour le goûter des enfants.

Vous devez :

☒ Réaliser et présenter la salade de fruits pour le goûter.

Vous devez :

☒ Analyser la situation.

☒ Organiser vos tâches et préparer le matériel.

☒ Remettre en état le poste de travail et le matériel.

Salade de fruits

Denrées	Quantités	Gamme opératoire
Pomme Orange Banane Sucre Citron	1 1 1 À disposition ½	– Préparer le sirop en chauffant de l'eau et en y ajoutant le sucre. – Laisser refroidir. – Laver et éplucher les fruits. – Couper les fruits en dés. – Citronner et mettre dans un saladier. – Verser le sirop sur les fruits et mélanger. – Présenter la salade de fruits dans des récipients adaptés pour chaque enfant. – Servir.

ENTRAÎNEMENT 11

Intitulé de la situation

Vous êtes assistant(e) maternel(le) à domicile et rattaché(e) à la crèche familiale « La marmaille ». Vous êtes chargé(e) d'accueillir du lundi au vendredi, Valentin, 24 mois, Joanne 20 mois et Elam, 18 mois. Vous devez veiller à leur bien-être et à leur sécurité. Pendant la semaine du goût, toute l'équipe a décidé de faire découvrir aux enfants des desserts à base de fruits.

Vous devez :

☒ Préparer un quatre-quarts aux pommes.

Vous devez :

☒ Analyser la situation.

☒ Organiser vos tâches et préparer le matériel.

☒ Remettre en état le poste de travail et le matériel.

Quatre-quarts aux pommes

Denrées	Quantités	Gamme opératoire
Farine Œufs Sucre Beurre Levure chimique Pommes	150 g 3 150 g 150 g 1 sachet 2	– Mélanger les œufs et le sucre. – Ajouter la farine et la levure chimique au mélange. – Faire fondre le beurre et l'incorporer à la préparation. – Éplucher les pommes, les couper en morceaux et les ajouter à la pâte. – Enfourner thermostat 180 °C environ 40 minutes.

ENTRAÎNEMENT 12

Intitulé de la situation

Vous êtes assistant(e) maternel(le) et vous avez la garde de Camélia, 2 ans et Julien, 8 mois.

Vous devez :

☒ Préparer une quiche au jambon pour le déjeuner de Camélia.

Vous devez :

☒ Analyser la situation.

☒ Organiser vos tâches et préparer le matériel.

☒ Remettre en état le poste de travail et le matériel.

Quiche au jambon

Denrées	Quantités	Gamme opératoire
Pâte brisée prête à l'emploi Œufs Crème fraîche Lait Jambon Champignons en morceaux appertisés Gruyère râpé Sel Poivre Muscade	1 3 20 cL 10 cL 120 g 50 g 70 g À disposition À disposition À disposition	– Préchauffer le four à 180 °C (th. 6). – Étaler la pâte dans le moule à tarte. – Dans un saladier, mélanger la crème, le lait et les œufs. – Rajouter sel, poivre, muscade. – Couper finement le jambon et l'incorporer à la préparation. – Ajouter les champignons. – Verser l'appareil dans le moule. – Enfourner pendant 40 minutes à 180 °C. – Servir dans une assiette.

ENTRAÎNEMENT 13

Intitulé de la situation

Vous êtes assistant(e) maternel(le) et vous avez la garde de Kevin, 2 ans, Amélie, 18 mois et Karim, 6 mois.

Vous devez :

☒ Préparer une semoule au lait pour le goûter de Kevin et Amélie.

Vous devez :

☒ Analyser la situation.

☒ Organiser vos tâches et préparer le matériel.

☒ Remettre en état le poste de travail et le matériel.

La semoule au lait

Denrées	Quantités	Gamme opératoire
Semoule fine Lait Sucre en poudre Oreillons d'abricots au sirop appertisés	50 g ¼ L 15 g 2 unités	– Faire bouillir le lait. – Jeter la semoule dans le lait et faire cuire sans cesser de remuer. – Sucrer la semoule. – Présenter l'entremet et le décorer avec les oreillons d'abricots.

ENTRAÎNEMENT 14

Intitulé de la situation

Vous êtes assistant(e) maternel(le) et vous accueillez du lundi au vendredi de 8 heures à 18 heures deux enfants : Marie et Valentin, 8 mois.

Vous habitez un appartement type F4.

Vous devez :

☒ Préparer une purée de pommes de terre-carottes et la présenter à Marie et Valentine.

Vous devez :

☒ Analyser la situation.

☒ Organiser vos tâches et préparer le matériel.

☒ Remettre en état le poste de travail et le matériel.

Purée carottes-pommes de terre

Denrées	Quantités	Gamme opératoire
Lait Pommes de terre Carottes Beurre Sel	¼ L 4 2 10 g À disposition	– Laver les légumes. – Les éplucher et les couper en morceaux. – Faire cuire les légumes. – Ajouter le lait et le beurre. – Assaisonner. – Présenter aux enfants.

ENTRAÎNEMENT 15

Intitulé de la situation

Vous travaillez dans une crèche familiale et vous souhaitez préparer un gâteau au yaourt pour le goûter de trois enfants âgés de 2 ans, 2 ans et demi et 3 ans.

Vous devez :

☒ Réaliser et présenter un gâteau au yaourt.

Vous devez :

☒ Analyser la situation.

☒ Organiser vos tâches et préparer le matériel.

☒ Remettre en état le poste de travail et le matériel.

Gâteau au yaourt

Denrées	Quantités	Gamme opératoire
Yaourt Farine Sucre Huile Œufs Levure chimique Sucre vanillé	1 pot 3 pots 1,5 pot ½ pot (50 mL) 2 1 1	– Mélanger les ingrédients. – Verser dans un moule beurré et fariné. – Cuire 40 minutes au four à 180 °C. – Démouler et présenter le gâteau.

ENTRAÎNEMENT 16

Intitulé de la situation

Vous êtes assistant(e) maternel(le) agréé(e). Vous accueillez du lundi au vendredi quatre enfants : Benjamin, 3 ans, Laura, 2 ans et demi, Célia, 13 mois et Théo, 3 mois.

Vous devez :

☒ Préparer le goûter de Benjamin et Laura : une semoule au lait que vous présenterez en forme de petite souris.

Vous devez :

☒ Analyser la situation.

☒ Organiser vos tâches et préparer le matériel.

☒ Remettre en état le poste de travail et le matériel.

Souris de semoule au lait

Denrées	Quantités	Gamme opératoire
Lait Sucre Semoule fine Sucre vanillé Rouleaux de réglisse Amandes effilées Raisins de Corinthe	¼ L 15 g 50 g 1 2 À disposition À disposition	**Préparer la semoule** – Dans une casserole, ajouter le lait et les sucres. – Porter à ébullition. – Verser la semoule en pluie et laisser cuire jusqu'à épaississement en mélangeant régulièrement pendant 5 minutes. – Retirer du feu et laisser refroidir. **Confectionner les souris** – À l'aide de deux cuillères à soupe, réaliser deux belles quenelles de semoule. – Les déposer sur l'assiette de service. – À l'aide du dos d'une cuillère à café, faire un étranglement à 1/3 du bout de la quenelle pour former la tête de la souris. – Façonner les quenelles pour leur donner la forme d'une souris. – Tailler la réglisse pour faire la queue et les moustaches de la souris. – Réaliser les yeux et le museau avec les raisins de Corinthe. – Former les oreilles avec deux amandes.

ENTRAÎNEMENT 17

Intitulé de la situation

Vous êtes assistant(e) maternel(le) agréé(e) et vous accueillez du lundi au vendredi quatre enfants : Benjamin, 3 ans, Laura, 2 ans et demi, Célia, 13 mois et Théo, 3 mois.

Vous devez :

☒ Préparer le déjeuner de Benjamin et Laura : un clafoutis de légume.

Vous devez :

☒ Analyser la situation.

☒ Organiser vos tâches et préparer le matériel.

☒ Remettre en état le poste de travail et le matériel.

Clafoutis de légumes

Denrées	Quantités	Gamme opératoire
Lait Œufs Courgette Tomates « Vache qui rit » Huile d'olive Sel Poivre	25 cL 3 1 petite 2 moyennes 2 portions 1 cuillère à soupe À disposition À disposition	**Préchauffer le four à 180 °C** – Laver et tailler les tomates et la courgette en dés. – Faire revenir les légumes dans l'huile d'olive 5 minutes à feu doux. **Préparer l'appareil à flan salé** – Dans un saladier, mélanger les œufs, « la vache qui rit », le lait, le sel et le poivre. – Beurrer le plat. – Verser les légumes dans le plat. – Verser l'appareil à flan. – Enfourner 40 minutes à 180 °C (th. 6). – Vérifier la cuisson avec la pointe d'un couteau. – Servir chaud.

ENTRAÎNEMENT 18

Intitulé de la situation

Vous êtes assistant(e) maternel(le) agréé(e) dans une crèche familiale. Vous gardez du lundi au vendredi de 8 heures à 17 heures deux enfants : Amélie, 2 ans et Lucas, 1 an. Il est l'heure du goûter.

Vous devez :

☒ Préparer des sablés sous forme de figurines et les décorer.

Vous devez :

☒ Analyser la situation.

☒ Organiser vos tâches et préparer le matériel.

☒ Remettre en état le poste de travail et le matériel.

Sablés figurines

Denrées	Quantités	Gamme opératoire
Pâte sablée (prête à l'emploi) Vermicelles de couleur Sucre glace Smarties Oranges Sucre	1 À disposition À disposition À disposition 3 À disposition	– Préchauffer le four. – Dérouler la pâte sablée et faire des figurines à l'emporte-pièce ou avec un couteau. – Les disposer sur du papier sulfurisé sur une grille ou lèchefrite. – Les faire cuire 10-12 minutes à 150 °C (th. 5). – Laisser refroidir et décorer. – Presser et servir le jus d'orange.

ENTRAÎNEMENT 19

Intitulé de la situation

Vous êtes assistant(e) maternel(le) agréé(e) à domicile et vous avez la garde de Tristan, 34 mois et Chloé, 5 mois.

L'heure du goûter approche et vous appréhendez ce moment. En effet, Tristan met du temps à finir son goûter. Soucieuse de son équilibre alimentaire, vous décidez de lui confectionner une préparation originale.

Vous devez :

☒ Préparer une semoule au lait sur un lit de compote de pommes.

Vous devez :

☒ Analyser la situation.

☒ Organiser vos tâches et préparer le matériel.

☒ Remettre en état le poste de travail et le matériel.

Semoule au lait sur un lit de compote de pommes

Denrées	Quantités	Gamme opératoire
Pommes Semoule Lait Sucre vanillé Sucre	2 40 g ¼ L 1 sachet À disposition	– Laver, éplucher, tailler et cuire les pommes avec un peu d'eau. – Mixer la préparation. – Répartir dans des ramequins. – Faire bouillir le mélange lait et sucre vanillé. – Verser la semoule en pluie. – Remuer sur feu doux pendant 5 minutes après épaississement. – Verser la semoule au lait sur la compote de pommes. – Servir à température ambiante.

ENTRAÎNEMENT 20

Intitulé de la situation

Vous êtes assistant(e) maternel(le) avec un agrément pour un enfant à plein temps. Vous accueillez quotidiennement Léonie, 3 ans. Sa maman la dépose à 8 heures et aujourd'hui, elle vous a apporté des pommes du jardin. Vous habitez un appartement type F4 avec cuisine ouverte.

Vous devez :

☒ Préparer des sablés au citron pour Léonie.

Vous devez :

☒ Analyser la situation.

☒ Organiser vos tâches et préparer le matériel.

☒ Remettre en état le poste de travail et le matériel.

Sablés au citron

Denrées	Quantités	Gamme opératoire
Citron Sucre en poudre Beurre Œuf Farine	1 180 g 150 g 1 125 g	– Prélever zeste et jus du citron. Réserver. – Préchauffer le four à 180 °C (th. 6). – Mélanger le beurre ramolli et le sucre. – Ajouter l'œuf, le jus de citron et le zeste. – Ajouter la farine. Mélanger. – Étaler la pâte. – À l'aide de l'emporte-pièce, découper des cercles. – Cuire 10 minutes environ jusqu'à coloration. – Décorer les sablés.

Retrouvez tous vos corrigés p. 219

Exercer son activité en accueil individuel Connaissances techniques

1 **Énoncez 3 signes digestifs caractéristiques d'une toxi-infection alimentaire.**

– ....

– ....

– ....

2 **Énoncez cinq substances assimilables résultant de la digestion de la tarte.**

– ....

– ....

3 **Indiquez deux règles d'hygiène indispensable avant une préparation culinaire.**

– ....

– ....

4 **Indiquez trois aliments déconseillés en cas de diarrhées.**

– ....

– ....

– ....

5 **Indiquez 4 précautions à prendre lors de la préparation des légumes pour limiter les pertes nutritionnelles.**

– ....

– ....

– ....

– ....

6 **Listez 3 mentions obligatoires et 2 facultatives d'un étiquetage de produit alimentaire.**

Obligatoires	Facultatives
–	– ....
–	– ....
–	

7 **Énoncez les facteurs qui concourent à mettre en valeur les préparations culinaires. (2 réponses attendues)**

– ....

– ....

8 **Indiquez 3 précautions à prendre lors de la préparation de crudités pour limiter les pertes vitaminiques.**

– ....

– ....

– ....

9 **Indiquez la modification physicochimique du sucre au cours de la cuisson du gâteau.**

....

....

10 **Énoncez les principaux types de régimes ou allergies alimentaires chez l'enfant . (2 réponses attendues)**

– ....

– ....

11 **Indiquez et justifier le choix des produits utilisés pour l'entretien de l'enceinte à micro-ondes.**

....

....

12 **Indiquez la modification physicochimique des protéines du lait intervenant au cours de la cuisson de la pâte à crêpes.**

....

....

13 **Citez trois formes de commercialisation des fruits et légumes.**

– ....

– ....

– ....

14 **Citez les groupes alimentaires présents dans le gâteau aux abricots. Justifier l'intérêt de proposer ce gâteau à des enfants.**

....

....

....

....

....

....

15 **Indiquez le ou (les) produit(s) et justifier le choix du (des) produit(s) utilisé(s) pour l'entretien du four à micro-ondes.**

....

....

16 **Indiquez deux précautions pour préserver les vitamines lors de la réalisation de la salade de fruits.**

– ....

– ....

17 **Justifiez deux conditions de rangement des produits d'entretien.**

– ....

– ....

18 **Citez les deux techniques d'aération d'une maison.**

– ....

– ....

Retrouvez tous vos corrigés p. 244

Corrigés des entraînements EP3 – Connaissances théoriques

ENTRAÎNEMENT 1

1 Tableau complété :

Menu	Groupes d'aliments	Rôles
Poulet grillé	*Viande-poisson-œuf*	*Source d'éléments bâtisseurs* *Croissance et réparation des os, des muscles* *Plastique/constructeur et énergétique*
Purée de courgettes	*Fruits et légumes*	*Apports de vitamines pour le bon fonctionnement de l'organisme* *Apports de fibres pour lutter contre la constipation* *Fonctionnel et énergétique*
Petit suisse	*Produits laitiers*	*Apport de calcium pour la croissance et la consolidation des os et des dents* *Énergétique*
Pêches	*Fruits et légumes*	*Apports de vitamines pour le bon fonctionnement de l'organisme* *Apports de fibres pour lutter contre la constipation* *Fonctionnel et énergétique*

2 Vous devez lui proposer un repas adapté à son trouble digestif.
Les 2 modifications à apporter à ce menu pour limiter sa diarrhée, sont :
– Remplacer la purée de courgettes par du riz ;
– Remplacer la pêche par une banane ;
– Supprimer le produit laitier.
– …

3 Léo, 12 mois, peut consommer habituellement des fruits et légumes crus en morceaux. Car il a des dents (capable de mastiquer) et un appareil digestif apte à les digérer.

4 Pour entretenir votre cuisine vous utilisez des produits d'entretien où figurent sur l'étiquette les symboles suivants.

4.1 Indiquer à côté de chaque symbole leur signification.
– La signification du symbole pour le produit n° 1 :
Produits pouvant entraîner les effets suivants : empoisonnement, irritation, allergies cutanées, somnolence, vertige, altération de la santé.

– **La signification du symbole pour le produit n° 2 :**

Produits corrosifs pouvant attaquer ou détruire les métaux, ronger la peau et/ou les yeux par contact.

4.2 Deux conditions de rangement des produits d'entretien :

– **Indiquer** : dans un placard, en hauteur et fermé à clé.

– **Justifier** : ranger hors de la portée des enfants.

5 Deux facteurs d'hygiène et de confort pour le bon déroulement du repas :
– lavage des mains lors de la préparation des repas, avant la prise du repas ;
– aérer la pièce pour éliminer la vapeur ambiante, la fumée de cuisson ;
– proposer un environnement calme : arrêter la machine à laver ou attendre la fin du lavage pour manger, couper la radio ;
– avoir un plan de travail propre ;
– toute autre réponse cohérente…

6 Proposer deux mesures de sécurité à respecter lors de l'utilisation d'un matériel électrique.
– débrancher après utilisation ;
– ne pas utiliser les l'appareil avec les mains humides ;
– placer l'appareil de façon à le rendre inaccessible pour l'enfant ;
– ne pas mettre l'appareil électrique à proximité de l'eau.

ENTRAÎNEMENT 2

1 Les conditions d'agrément d'un(e) assistant(e) maternel(le) :
– Avoir des qualités morales et éducatives.
– Avoir un logement adapté.
– Être en bonne santé.
– Être reconnu apte psychologiquement.

2 Un partenaire professionnel de l'assistant(e) maternel(le) : la PMI (Protection maternelle et infantile) ou le relais assistants maternels.

3 Le temps de repos et sa répartition dans la journée chez l'assistant(e) maternel(le) pour Amélie : le temps nécessaire de sieste (de repos) pour Amélie est compris entre deux heures à trois heures réparti sur deux siestes sur la journée d'accueil.

4 Énoncer quatre moyens mis en œuvre pour assurer l'hygiène et le confort de la chambre des enfants au moment de la sieste.
– température aux alentours de 20 °C ;
– humidifier l'air de la chambre ;
– chambre orientée de préférence à l'est ;
– renouveler l'air plusieurs fois par jour en l'absence de l'enfant ;
– laver le sol tous les jours ;
– tamiser par des rideaux ou stores la chambre (chambre dans l'obscurité) ;
…

5 L'âge moyen du début de la diversification alimentaire : 6 mois

6 Intérêts du passage d'une alimentation lactée exclusive à une alimentation diversifiée :
- apporter de nouvelles textures ;
- apporter de nouvelles saveurs ;
- apports nutritionnels nouveaux indispensables.

ENTRAÎNEMENT 3

1 Le tableau complété :

Menu	Groupes d'aliments	Principaux constituants alimentaires
Carottes râpées avec huile d'olive et citron	Fruits et légumes	Fibres, vitamines, eau, minéraux
Viande en petits morceaux	Fruits et légumes + céréales et féculents	Protides
Légumes verts Pommes de terre vapeur	Produits laitiers	Glucides complexes
Noisette de beurre	Viande, poisson, œuf	Fibres, vitamines, eau, minéraux + Glucides complexes
Tranche de pain	Corps gras	Calcium, protides
Yaourt	Céréales, féculents	Lipides, Vitamine A

2 L'intérêt nutritionnel des produits laitiers dans l'alimentation d'Hugo (2 réponses attendues).
- nécessaire à la croissance ;
- permettent la solidité de l'os ;
- participe à l'entretien, au renouvellement, à la réparation des cellules.

ENTRAÎNEMENT 4

1 Les repas de Marion :
- **le type de lait adapté à Marion :** ALD 2e âge ;
- **un aliment protidique introduit vers 7 mois :** la viande ou le poisson.

2 Un menu pour Paul :

- Un menu équilibré pour Paul : les aliments soulignés dans la liste ci-dessous :

Frites - glaces - poisson - épinards - yaourt - carottes - pommes - céleri râpé - riz - salade verte - escalope de poulet - éclair au chocolat - saucisson - pain - beurre - crème - haricots verts - fromage fondu - compote de fruits - raisins - crème dessert - pâtes - steak haché.

– Tableau complété avec le groupe alimentaire correspondant aux aliments sélectionnés.

Menu	Groupe alimentaire
Céleri râpé	Légumes et fruits
poisson	Viandes - poisson - œufs
épinards	Légumes et fruits
Crème dans les épinards	Corps gras
riz	féculents
yaourt	Produits laitiers

ENTRAÎNEMENT 5

1 Tableau complété :

Menu	Groupes alimentaires	Constituant alimentaire principal
Carottes râpées	Végétaux frais	Vitamines, fibres, eau
Blanc de poulet grillé	*Viande, poisson, œufs*	*Protides*
Haricots verts	Végétaux frais	Vitamines, fibres, eau
Noisette de beurre	*Corps gras*	*Lipides*
Tranche de pain	*Féculents*	*Glucides complexes*
Yaourt aux fruits	Produits laitiers	*Calcium*

2 Intérêt nutritionnel des produits laitiers pour les jeunes enfants.
– indispensable à la croissance ;
– solidité des os ;
– participe à l'entretien, au renouvellement, à la réparation des cellules.

3 Menu adapté pour Zohra sachant que ses parents n'ont pas encore introduit le groupe de viandes, poissons, œufs dans son alimentation. Exemple de menu : purée de légumes (carottes, haricots verts) et pommes de terre 1/2 yaourt sans morceau.

4 La texture des préparations servies à Zohra : la texture évolue avec l'âge de l'enfant ; Zohra n'est pas encore capable de mastiquer les aliments (peu ou pas de dents) ; les préparations seront mixées, ne contiendront pas de morceaux.

ENTRAÎNEMENT 6

1 Deux intérêts du lait dans l'alimentation du bébé : le lait permet l'hydratation et un apport en protides et en calcium.

2 Intérêts d'introduire des viandes et des poissons dans l'alimentation du jeune enfant : ils apportent des protides et du fer.

3 Deux facteurs d'hygiène d'un logement recevant des enfants. Ce peut être : la propreté et la ventilation, l'aération, l'absence d'animaux domestiques…

Justification :
– air sain afin d'éviter les allergies (poils, poussières…) ;
– éviter les salissures.

ENTRAÎNEMENT 7

1 Deux intérêts du lait dans l'alimentation du bébé :
– hydratation ;
– apport en protide et calcium.

2 Passage du lait 1er âge au lait 2e âge : le lait 1er âge n'est plus assez nourrissant pour assurer la croissance du bébé.

3 Préciser les conditions de rangement sécurisé des produits utilisés en milieu familial :
– armoire close, fermée à clés, hors de portée des enfants ;
– laisser les produits dans l'emballage d'origine (avec notice, médicament…).

Corrigés des entraînements EP3 – Connaissances pratiques

ENTRAÎNEMENT 1

La préparation d'une tarte aux pommes

Analyse de la situation

Qui êtes-vous ? Un(e) assistant(e) maternel(le) agréé(e) rattaché(e) à une crèche familiale.
Où ? À votre domicile.
Quelles sont les tâches que vous allez effectuer ? Préparer une tarte aux pommes.
Quels sont les enfants ? Myriam, 2 ans et demi et Lassana, 4 ans (si mercredi, jour non renseigné).
Quel est le moment de la journée ? Non renseigné.

Objectifs

Faire découvrir aux enfants des desserts à base de fruits.

Matériels et produits

Un moule à tarte, une assiette, une planche à découper, une passoire, un couteau, un économe, une cuillère, un plat, 1 pâte brisée prête à l'emploi, 1 sachet de sucre vanillé, 4 pommes, 1 pot de compote de pommes.

Préparation

1. **Porter une tenue adaptée** (blouse et charlotte).
2. **Se laver les mains.**
3. **Préparer le lieu.**
4. **Préparer le matériel et les produits** : préparer les denrées et sortir le matériel.

Exécution

1. **Préchauffer le four** à 180 °C (th. 6).
2. **Dérouler la pâte et la disposer dans un moule** à tarte.
3. **Laver, éplucher et découper les pommes** en lamelles.
4. **Étaler la compote** sur le fond de la tarte.
5. **Disposer ensuite les pommes.**
6. **Cuire 45 min** à 180 °C (th. 6).

Rangement et nettoyage

1. **Nettoyer et ranger le plan de travail.**
2. **Laver et essuyer la vaisselle.**
3. **Ranger le matériel.**
4. **Se laver les mains.**

Critères d'évaluation

– **L'organisation et l'ergonomie** : mise à disposition du matériel, des produits sur le plan de travail, respect de la marche en avant (progression de travail dans le même sens pour les opérations d'épluchage, de lavage).
– **L'hygiène** : respect du circuit propre/sale ; tenue propre, lavage des mains dès que nécessaire, plan de travail propre.
– **La sécurité** : utilisation correcte et adaptée de la planche à découper, du couteau, de l'économe.
– **L'économie** : utilisation d'un économe.
– **La qualité du résultat** : absence de parties non comestibles, absence de salissures après lavage des pommes, présentation de la préparation esthétique, cuisson correcte des pommes et de la tarte.

ENTRAÎNEMENT 2

La préparation d'un gâteau roulé fourré à la fraise

Analyse de la situation

Qui êtes-vous ? Un(e) assistant(e) maternel(le) agréé(e) rattaché(e) à une crèche familiale.
Où ? À votre domicile.
Quelles sont les tâches que vous allez effectuer ? Préparer pour le goûter de Sophie un gâteau roulé fourré à la fraise.
Quels sont les enfants ? Sophie, 2 ans ½.
Quel est le moment de la journée ? L'heure du goûter.

Objectifs

Obtenir un gâteau léger à base de confiture et agréable à manger.

Matériels et produits

Deux saladiers, un verre mesureur, une balance, un batteur électrique, une cuillère en bois, une plaque, un plat, du papier sulfurisé, une cuillère ou spatule, 90 g de farine, 90 g de sucre en poudre, 3 œufs, 15 g de beurre, 1 sachet de sucre vanillé, du sel fin, de la confiture, du sucre glace.

Préparation

1. **Porter une tenue adaptée** (blouse et charlotte).
2. **Se laver les mains.**
3. **Préparer le lieu.**
4. **Préparer le matériel et les produits** : préparer les denrées et sortir le matériel.

Exécution

1. **Casser les œufs** en séparant le jaune du blanc.
2. **Dans un saladier, mélanger les jaunes avec le sucre.**
3. **Ajouter petit à petit la farine, le sucre vanillé.**

4. **Battre les blancs en neige.**
5. **Incorporer les blancs** à la préparation.
6. **Beurrer la plaque, puis verser la pâte dessus.**
7. **Mettre au four** (th. 7) pendant 10 min.
8. **Retirer le gâteau du four, rouler le biscuit** avec le papier sulfurisé.
9. **Laisser refroidir, puis dérouler.**
10. Étaler la confiture.
11. **Rouler à nouveau.**
12. **Décorer avec le sucre glace.**

Rangement et nettoyage

1. **Nettoyer et ranger le plan de travail.**
2. **Laver et essuyer la vaisselle.**
3. **Ranger le matériel.**
4. **Se laver les mains.**

Critères d'évaluation

- **L'organisation et l'ergonomie** : présence du matériel, des produits, respect de la marche en avant.
- **L'hygiène** : respect du circuit propre/sale ; tenue propre, lavage des mains, plan de travail propre.
- **La sécurité** : utilisation correcte et adaptée du four.
- **L'économie** : mesure des quantités.
- **La qualité du résultat** : présentation de la préparation esthétique, cuisson correcte du gâteau.

ENTRAÎNEMENT 3

La préparation d'une purée de pommes de terre/ courgettes-jambon

Analyse de la situation

Qui êtes-vous ? Un(e) assistant(e) maternel(le) agréé(e).
Où ? À votre domicile.
Quelles sont les tâches que vous allez effectuer ? Préparer une purée de pommes de terre/courgettes-jambon.
Quels sont les enfants ? Ornella 4 ans (présentant une diarrhée) et Victor 7 ans.
Quel est le moment de la journée ? Non renseigné.

Objectifs

Faciliter la digestion, améliorer la présentation et les qualités organoleptiques de l'aliment.

Matériels et produits

Un autocuiseur ou une casserole, une planche à découper, un couteau, un mixeur ou un moulin à légumes, une cuillère en bois, 500 g de pommes de terre, 2 courgettes, 20 g de beurre, du sel, de la muscade, du lait, 2 tranches de jambon.

Préparation

1. **Porter une tenue adaptée** (blouse et charlotte).
2. **Se laver les mains.**
3. **Préparer le lieu.**
4. **Préparer le matériel et les produits** : préparer les denrées et sortir le matériel.

Exécution

1. **Préparer les pommes de terre et les courgettes.**
2. **Cuire les légumes.**
3. **Écraser finement les légumes ou les mixer.**
4. **Ajouter le lait chaud, le beurre et la muscade.**
5. **Rectifier l'assaisonnement.**
6. **Présenter dans un plat accompagné des tranches de jambon.**

Rangement et nettoyage

1. **Nettoyer et ranger le plan de travail.**
2. **Laver et essuyer la vaisselle.**
3. **Ranger le matériel.**
4. **Se laver les mains.**

Critères d'évaluation

- **L'organisation et l'ergonomie** : présence du matériel, des produits, respect de la marche en avant.
- **L'hygiène** : respect du circuit propre/sale ; tenue propre, lavage des mains, plan de travail propre.
- **La sécurité** : utilisation correcte et adaptée de la planche à découper, du couteau, de l'autocuiseur.
- **L'économie** : utilisation d'un économe.
- **La qualité du résultat** : absence de parties non comestibles, absence de salissures après lavage des légumes, présentation de la préparation esthétique, cuisson correcte des légumes.

ENTRAÎNEMENT 4

La réalisation d'un assortiment de crudités

Analyse de la situation

Qui êtes-vous ? Un(e) assistant(e) maternel(le) agréé(e).
Où ? À votre domicile pour le regroupement RAM.
Quelles sont les tâches que vous allez effectuer ? Réaliser un assortiment de crudités .
Quels sont les enfants ? Quatre enfants, de 2 à 3 ans.
Quel est le moment de la journée ? Non renseigné.

Objectif

Améliorer la présentation et les qualités organoleptiques de l'aliment.

Matériels et produits

Un économe, un couteau d'office, une planche à découper, un saladier, une passoire, un bac de lavage, une assiette, un plat, un bol, 2 tomates, 1 betterave, ½ concombre, ½ boîte de maïs, de l'huile, du vinaigre, du sel, du poivre.

Préparation

1. **Porter une tenue adaptée** (blouse et charlotte).
2. **Se laver les mains.**
3. **Préparer le lieu.**
4. **Préparer le matériel et les produits** : préparer les denrées et sortir le matériel.

Exécution

1. **Laver et éplucher les légumes.**
2. **Couper les légumes.**
3. **Présenter les légumes dans un plat.**
4. **Assaisonner.**

Rangement et nettoyage

1. **Nettoyer et ranger le plan de travail.**
2. **Laver et essuyer la vaisselle.**
3. **Ranger le matériel.**
4. **Se laver les mains.**

Critères d'évaluation

- **L'organisation et l'ergonomie** : présence du matériel, des produits, respect de la marche en avant.
- **L'hygiène** : respect du circuit propre/sale ; tenue propre, lavage des mains, plan de travail propre.
- **La sécurité** : utilisation correcte et adaptée de la planche à découper, du couteau.
- **L'économie** : utilisation d'un économe ; respect des quantités.
- **La qualité du résultat** : absence de parties non comestibles, absence de salissures après lavage des légumes, présentation de la préparation esthétique, texture adaptée à l'âge des enfants, contrôle du goût de la préparation.

ENTRAÎNEMENT 5

La préparation d'un gâteau marbré

Analyse de la situation

Qui êtes-vous ? Un(e) assistant(e) maternel(le) agréé(e).
Où ? À votre domicile.
Quelles sont les tâches que vous allez effectuer ? Préparer pour le goûter un gâteau marbré.
Quels sont les enfants ? Alice 3 ans ; Robin 2 ans.
Quel est le moment de la journée ? Pour le goûter.

Objectif

Obtenir un gâteau agréable à manger.

Matériels et produits

Deux saladiers, un verre mesureur, une balance, une cuillère en bois, un moule à manquer ou un moule à cake, un plat, une grille, un bol, un couteau, 250 g de farine, 150 g de sucre en poudre, 4 œufs, 100 g de beurre, ½ sachet de levure chimique, du chocolat à cuire.

Préparation

1. **Porter une tenue adaptée** (blouse et charlotte).
2. **Se laver les mains.**
3. **Préparer le lieu.**
4. **Préparer le matériel et les produits** : préparer les denrées et sortir le matériel.

Exécution

1. **Ramollir le beurre.**
2. **Mélanger le sucre et le beurre énergiquement dans un saladier.**
3. **Incorporer les œufs** un par un.
4. **Ajouter la farine et la levure.**
5. **Verser la moitié de la pâte dans un autre saladier.**
6. **Faire fondre le chocolat et l'ajouter à la pâte** contenue dans le saladier.
7. **Beurrer et fariner un moule** à manquer ou un moule à cake.
8. **Verser les deux préparations en alternance dans le moule.**
9. **Faire cuire à four moyen** 150 °C durant 25 minutes et vérifier la cuisson avec la lame d'un couteau.
10. **Démouler le gâteau sur la grille.**
11. **Laisser refroidir** avant de servir.

Rangement et nettoyage

1. **Nettoyer et ranger le plan de travail.**
2. **Laver et essuyer la vaisselle.**
3. **Ranger le matériel.**
4. **Se laver les mains.**

Critères d'évaluation

- **L'organisation et l'ergonomie** : présence du matériel, des produits, respect de la marche en avant.
- **L'hygiène** : respect du circuit propre/sale ; tenue propre, lavage des mains, plan de travail propre.
- **La sécurité** : utilisation correcte et adaptée du four.
- **L'économie** : mesure des quantités.
- **La qualité du résultat** : présentation de la préparation esthétique, cuisson correcte du gâteau.

ENTRAÎNEMENT 6

La préparation d'un gratin de courgettes au jambon

Analyse de la situation

Qui êtes-vous ? Un(e) assistant(e) maternel(le) agréé(e).
Où ? À votre domicile.
Quelles sont les tâches que vous allez effectuer ? Préparer pour le déjeuner de Théo un gratin de courgettes au jambon.
Quels sont les enfants ? Théo 3 ans (constipé).
Quel est le moment de la journée ? En fin de matinée (pour le déjeuner).

Objectif

Faciliter la digestion, améliorer la présentation et les qualités organoleptiques de l'aliment et agir sur la constipation.

Matériels et produits

Un autocuiseur ou une marmite, une casserole, un couteau, un fouet, une spatule en bois, un plat à gratin, 300 g de courgettes surgelées, 2 dL de lait, 20 g de beurre et une noisette pour le plat, 20 g de farine, 100 g de dés de jambon, 40 g de gruyère râpé, du sel, du poivre, de la muscade.

Préparation

1. **Porter une tenue adaptée** (blouse et charlotte).
2. **Se laver les mains.**
3. **Préparer le lieu.**
4. **Préparer le matériel et les produits** : préparer les denrées et sortir le matériel.

Exécution

1. **Préchauffer le four** th. 6 (180 °C).
2. **Cuire les courgettes.**
3. **Préparer la béchamel** : mettre à fondre le beurre dans une casserole, ajouter la farine, puis peu à peu, ajouter le lait en remuant, saler, poivrer et ajouter la muscade.
4. **Beurrer le plat à gratin.**

5. Disposer les courgettes et les dés de jambon dans le plat.
6. Napper avec la béchamel.
7. Parsemer de gruyère.
8. **Faire gratiner** au four 20 minutes.

Rangement et nettoyage

1. Nettoyer et ranger le plan de travail.
2. Laver et essuyer la vaisselle.
3. Ranger le matériel.
4. Se laver les mains.

Critères d'évaluation

- **L'organisation et l'ergonomie** : présence du matériel, des produits, respect de la marche en avant.
- **L'hygiène** : respect du circuit propre/sale ; tenue propre, lavage des mains, plan de travail propre.
- **La sécurité** : utilisation correcte et adaptée de la planche à découper, du couteau, de l'autocuiseur.
- **L'économie** : mesure des quantités.
- **La qualité du résultat** : absence de parties non comestibles, présentation de la préparation esthétique, cuisson correcte du gratin.

ENTRAÎNEMENT 7

La préparation de crêpes fourrées à la confiture

Analyse de la situation

Qui êtes-vous ? Un(e) assistant(e) maternel(le) agréé(e).
Où ? À votre domicile.
Quelles sont les tâches que vous allez effectuer ? Préparer des crêpes fourrées à la confiture.
Quels sont les enfants ? Emma et Maxime, 3 ans.
Quel est le moment de la journée ? Non renseigné.

Objectifs

Réaliser une pâte simple cuite à la poêle.

Matériels et produits

Un saladier, un verre mesureur, une cuillère en bois, une cuillère, une poêle à crêpes, un fouet, une assiette, 250 g de farine, ½ L de lait, 3 œufs, du sel, de l'huile, de la confiture.

Préparation

❶ **Porter une tenue adaptée** (blouse et charlotte).
❷ **Se laver les mains.**
❸ **Préparer le lieu.**
❹ **Préparer le matériel et les produits** : préparer les denrées et sortir le matériel.

Exécution

❶ Mettre la farine dans le saladier.
❷ Faire une fontaine.
❸ Casser les œufs et les battre.
❹ Placer les œufs dans la farine, ajouter le sel et une cuillère d'huile, puis remuer.
❺ Ajouter le lait progressivement.
❻ Faire cuire les crêpes.
❼ Fourrer les crêpes de confiture.

Rangement et nettoyage

❶ Nettoyer et ranger le plan de travail.
❷ Laver et essuyer la vaisselle.
❸ Ranger le matériel.
❹ Se laver les mains.

Critères d'évaluation

- **L'organisation et l'ergonomie** : présence du matériel, des produits, respect de la marche en avant.
- **L'hygiène** : respect du circuit propre/sale ; tenue propre, lavage des mains, plan de travail propre.
- **La sécurité** : utilisation correcte et adaptée de la poêle.
- **L'économie** : mesure des quantités.
- **La qualité du résultat** : absence de grumeaux dans la pâte, cuisson correcte des crêpes, présentation esthétique.

ENTRAÎNEMENT 8

La préparation d'une purée de pommes de terre/carottes

Analyse de la situation

Qui êtes-vous ? Un(e) assistant(e) maternel(le) agréé(e).
Où ? À votre domicile.
Quelles sont les tâches que vous allez effectuer ? Préparer une purée de pommes de terre/carottes pour accompagner un steak haché.
Quels sont les enfants ? Maxime 2 ans et Arnaud 18 mois.
Quel est le moment de la journée ? Non renseigné.

Objectifs

Faciliter la digestion, améliorer la présentation et les qualités organoleptiques de l'aliment.

Matériels et produits

Un autocuiseur ou une casserole, une planche à découper, un couteau, un mixeur ou un moulin à légumes, une cuillère en bois, 2 petites carottes, 1 grosse pomme de terre, 50 mL de lait, 10 g de beurre, du sel, de l'eau.

Préparation

1. **Porter une tenue adaptée** (blouse et charlotte).
2. **Se laver les mains.**
3. **Préparer le lieu.**
4. **Préparer le matériel et les produits** : préparer les denrées et sortir le matériel.

Exécution

1. **Laver et éplucher les légumes.**
2. **Faire cuire les légumes et la pomme de terre** dans l'eau salée ou à l'autocuiseur.
3. **Mouliner les légumes et la pomme de terre.**
4. **Ajouter le beurre.**

Rangement et nettoyage

1. **Nettoyer et ranger le plan de travail.**
2. **Laver et essuyer la vaisselle.**
3. **Ranger le matériel.**
4. **Se laver les mains.**

Critères d'évaluation

- **L'organisation et l'ergonomie** : présence du matériel, des produits, respect de la marche en avant.
- **L'hygiène** : respect du circuit propre/sale ; tenue propre, lavage des mains, plan de travail propre.
- **La sécurité** : utilisation correcte et adaptée de la planche à découper, du couteau, de l'autocuiseur.
- **L'économie** : utilisation d'un économe ou grattage des légumes.
- **La qualité du résultat** : absence de parties non comestibles, absence de salissures après lavage des légumes, présentation de la préparation esthétique, cuisson correcte des légumes.

ENTRAÎNEMENT 9

La préparation d'un gâteau aux abricots

Analyse de la situation

Qui êtes-vous ? Un(e) assistant(e) maternel(le) agréé(e) rattaché(e) à la crèche familiale de la commune.
Où ? À votre domicile.
Quelles sont les tâches que vous allez effectuer ? Préparer pour le goûter des enfants un gâteau aux abricots.
Quels sont les enfants ? Amélie et Hugo 2 ans.
Quel est le moment de la journée ? Avant le goûter.

Objectifs

Faire découvrir aux enfants des desserts à base de fruits et obtenir un gâteau léger et facile à réaliser pour faire participer les enfants.

Matériels et produits

Un saladier, un moule, une cuillère en bois, 6 oreillons d'abricots appertisés, 1 pot de yaourt, 3 pots de farine, 2 pots de sucre, ½ pot d'huile, 2 œufs, 1 sachet de levure chimique.

Préparation

❶ **Porter une tenue adaptée** (blouse et charlotte).
❷ **Se laver les mains.**
❸ **Préparer le lieu.**
❹ **Préparer le matériel et les produits** : préparer les denrées et sortir le matériel.

Exécution

❶ **Préchauffer le four.**
❷ **Mélanger le yaourt, la farine, le sucre, l'huile et la levure.**
❸ **Ajouter les œufs.**
❹ **Beurrer et fariner le moule.**
❺ **Verser la préparation dans le moule.**
❻ **Disposer les oreillons d'abricots.**
❼ **Cuire 40 minutes** à 180 °C (thermostat 6).

Rangement et nettoyage

❶ **Nettoyer et ranger le plan de travail.**
❷ **Laver et essuyer la vaisselle.**
❸ **Ranger le matériel.**
❹ **Se laver les mains.**

Critères d'évaluation

- **L'organisation et l'ergonomie** : présence du matériel, des produits, respect de la marche en avant.

- **L'hygiène** : respect du circuit propre/sale ; tenue propre, lavage des mains, plan de travail propre.
- **La sécurité** : utilisation correcte et adaptée du four.
- **L'économie** : mesure des quantités.
- **La qualité du résultat** : présentation de la préparation esthétique, cuisson correcte du gâteau.

ENTRAÎNEMENT 10

La réalisation d'une salade de fruits

Analyse de la situation

Qui êtes-vous ? Un(e) assistant(e) maternel(le) agréé(e).
Où ? À votre domicile.
Quelles sont les tâches que vous allez effectuer ? Réaliser et présenter la salade de fruits pour le goûter.
Quels sont les enfants ? Marion 3 ans et Thomas 2 ans.
Quel est le moment de la journée ? Pour le goûter.

Objectifs

Améliorer la présentation et les qualités organoleptiques de l'aliment.

Matériels et produits

Un économe, un couteau d'office, une planche à découper, un saladier, une passoire, un bac de lavage, une assiette, un saladier, une casserole, des récipients adaptés aux enfants, 1 pomme, 1 orange, 1 banane, du sucre, ½ citron, de l'eau.

Préparation

1. **Porter une tenue adaptée** (blouse et charlotte).
2. **Se laver les mains.**
3. **Préparer le lieu.**
4. **Préparer le matériel et les produits** : préparer les denrées et sortir le matériel.

Exécution

1. **Préparer le sirop** en chauffant de l'eau et en y ajoutant le sucre.
2. **Laisser refroidir.**
3. **Laver et éplucher les fruits.**
4. **Couper les fruits en dés.**
5. **Citronner et mettre dans un saladier.**
6. **Verser le sirop sur les fruits et mélanger.**
7. **Présenter la salade de fruits dans des récipients adaptés** pour chaque enfant.
8. **Servir.**

Rangement et nettoyage

1. Nettoyer et ranger le plan de travail.
2. Laver et essuyer la vaisselle.
3. Ranger le matériel.
4. Se laver les mains.

Critères d'évaluation

- **L'organisation et l'ergonomie** : présence du matériel, des produits, respect de la marche en avant.
- **L'hygiène** : respect du circuit propre/sale ; tenue propre, lavage des mains, plan de travail propre.
- **La sécurité** : utilisation correcte et adaptée de la planche à découper, du couteau.
- **L'économie** : utilisation d'un économe ; respect des quantités.
- **La qualité du résultat** : absence de parties non comestibles, absence de salissures après lavage des fruits, présentation de la préparation esthétique, texture adaptée à l'âge des enfants, contrôle du goût de la préparation.

ENTRAÎNEMENT 11

La préparation d'un quatre-quarts aux pommes

Analyse de la situation

Qui êtes-vous ? Un(e) assistant(e) maternel(le) agréé(e) rattaché(e) à la crèche familiale « La marmaille ».
Où ? À votre domicile.
Quelles sont les tâches que vous allez effectuer ? Préparer un quatre-quarts aux pommes.
Quels sont les enfants ? Valentin, 24 mois, Joanne, 20 mois et Elam, 18 mois.
Quel est le moment de la journée ? Non renseigné.

Objectifs

Faire découvrir aux enfants des desserts à base de fruits.

Matériels et produits

Un saladier, un verre mesureur, un moule, une cuillère en bois, un bol, une planche à découper, une passoire, un couteau, un économe, une assiette, un plat, 150 g de farine, 3 œufs, 150 g de sucre, 150 g de beurre, un sachet de levure chimique, 2 pommes.

Préparation

1. **Porter une tenue adaptée** : une blouse et une charlotte.
2. **Se laver les mains.**
3. **Préparer le lieu.**
4. **Préparer le matériel et les produits** : préparer les denrées et sortir le matériel.

Exécution

❶ **Mélanger** les œufs et le sucre.
❷ **Ajouter la farine et la levure chimique** au mélange.
❸ **Faire fondre le beurre** et l'incorporer à la préparation.
❹ **Éplucher les pommes**, les couper en morceaux et les ajouter à la pâte.
❺ **Enfourner thermostat 180 °C** environ 40 minutes.

Rangement et nettoyage

❶ **Nettoyer et ranger** le plan de travail.
❷ **Laver et essuyer** la vaisselle.
❸ **Ranger** le matériel.
❹ **Se laver les mains.**

Critères d'évaluation

- **L'organisation et l'ergonomie** : mise à disposition du matériel, des produits sur le plan de travail, respect de la marche en avant : progression de travail dans le même sens pour les opérations d'épluchage, de lavage, de taillage.
- **L'hygiène** : respect du circuit propre/sale ; tenue propre, lavage des mains dès que nécessaire, plan de travail propre.
- **La sécurité** : utilisation correcte et adaptée de la planche à découper, du couteau.
- **L'économie** : utilisation d'un économe.
- **La qualité du résultat** : absence de parties non comestibles, absence de salissures après lavage des légumes, présentation de la préparation esthétique, cuisson correcte des pommes et du gâteau.

ENTRAÎNEMENT 12

La préparation d'une quiche au jambon

Analyse de la situation

Qui êtes-vous ? Un(e) assistant(e) maternel(le).
Où ? À votre domicile.
Quelles sont les tâches que vous allez effectuer ? Préparer une quiche au jambon pour le déjeuner.
Quels sont les enfants ? Camélia, 2 ans.
Quel est le moment de la journée ? Le matin.

Objectifs

Améliorer la présentation, faciliter la digestion, préserver la texture de l'aliment, son goût, ses qualités nutritionnelles.

Matériels et produits

Un moule à tarte, un saladier, une cuillère en bois, une planche à découper, un couteau, une assiette, un plat, une pâte brisée, 3 œufs, 20 cL de crème fraîche, 10 cL de lait, 120 g de jambon, 50 g de champignons en morceaux appertisés, 70 g de gruyère râpé, du sel, du poivre, de la noix de muscade.

Préparation

1. **Porter une tenue adaptée** : une blouse et une charlotte.
2. **Se laver les mains.**
3. **Préparer le lieu.**
4. **Préparer le matériel et les produits** : préparer les denrées et sortir le matériel.

Exécution

1. **Préchauffer le four à 180 °C (th. 6).**
2. **Étaler la pâte** dans le moule à tarte.
3. **Dans un saladier, mélanger la crème, le lait et les œufs.**
4. **Rajouter du sel, du poivre et de la muscade.**
5. **Couper finement le jambon** et l'incorporer à la préparation.
6. **Ajouter les champignons.**
7. **Verser l'appareil dans le moule.**
8. **Enfourner pendant 40 minutes à 180 °C.**
9. **Servir dans une assiette.**

Rangement et nettoyage

1. **Nettoyer et ranger** le plan de travail.
2. **Laver et essuyer** la vaisselle.
3. **Ranger** le matériel.
4. **Se laver les mains.**

Critères d'évaluation

- **L'organisation et l'ergonomie** : présence du matériel, des produits, respect de la marche en avant.
- **L'hygiène** : respect du circuit propre/sale ; tenue propre, lavage des mains, plan de travail propre.
- **La sécurité** : utilisation correcte du four.
- **L'économie** : mesure des quantités.
- **La qualité du résultat** : présentation de la préparation esthétique, cuisson correcte de la quiche.

ENTRAÎNEMENT 13

La préparation d'une semoule au lait

Analyse de la situation

Qui êtes-vous ? Un(e) assistant(e) maternel(le) agréé(e).
Où ? À votre domicile.
Quelles sont les tâches que vous allez effectuer ? Préparer une semoule au lait pour le goûter.
Quels sont les enfants ? Kevin, 2 ans, Amélie, 18 mois.
Quel est le moment de la journée ? Le goûter.

Objectif

Faciliter la digestion, améliorer la présentation et les qualités organoleptiques de l'aliment.

Matériels et produits

Un autocuiseur ou une marmite, une casserole, un couteau, un saladier ou plat, un verre mesureur, une spatule, une assiette, 50 g de semoule fine, ¼ L de lait, 15 g de sucre en poudre, deux unités d'oreillons d'abricots au sirop appertisés.

Préparation

1. **Porter une tenue adaptée** : une blouse et une charlotte.
2. **Se laver les mains.**
3. **Préparer le lieu.**
4. **Préparer le matériel et les produits** : préparer les denrées et sortir le matériel.

Exécution

1. **Faire bouillir le lait.**
2. **Jeter la semoule dans le lait** et faire cuire sans cesser de remuer.
3. **Sucrer la semoule.**
4. **Présenter l'entremet** et le décorer avec les oreillons d'abricots.

Rangement et nettoyage

1. **Nettoyer et ranger** le plan de travail.
2. **Laver et essuyer** la vaisselle.
3. **Ranger** le matériel.
4. **Se laver les mains.**

Critères d'évaluation

- **L'organisation et l'ergonomie** : mise à disposition du matériel, des produits sur le plan de travail, respect de la marche en avant.
- **L'hygiène** : respect du circuit propre/sale ; tenue propre, lavage des mains, plan de travail propre.
- **La sécurité** : utilisation correcte et adaptée de la casserole.
- **L'économie** : utilisation d'un verre mesureur.
- **La qualité du résultat** : cuisson correcte de la semoule, présentation de la préparation esthétique.

ENTRAÎNEMENT 14

La préparation d'une purée de pommes de terre-carottes

Analyse de la situation

Qui êtes-vous ? Un(e) assistant(e) maternel(le) agréé(e).
Où ? À votre domicile.
Quelles sont les tâches que vous allez effectuer ? Préparer une purée de pommes de terre-carottes et la présenter.
Quels sont les enfants ? Marie et Valentin, 8 mois.
Quel est le moment de la journée ? Le matin.

Objectif

Faciliter la digestion, améliorer la présentation et les qualités organoleptiques de l'aliment.

Matériels et produits

Un autocuiseur ou une casserole, une planche à découper, un couteau, un mixeur ou moulin à légumes, 4 pommes de terre, 2 carottes, ¼ L de lait, 10 g de beurre, du sel.

Préparation

1. **Porter une tenue adaptée** : une blouse et une charlotte.
2. **Se laver les mains.**
3. **Préparer le lieu.**
4. **Préparer le matériel et les produits** : préparer les denrées et sortir le matériel.

Exécution

1. **Laver les légumes.**
2. **Les éplucher et les couper** en morceaux.
3. **Faire cuire les légumes.**
4. **Ajouter le lait et le beurre.**
5. **Assaisonner.**
6. **Présenter aux enfants.**

Rangement et nettoyage

1. **Nettoyer et ranger** le plan de travail.
2. **Laver et essuyer la vaisselle.**
3. **Ranger** le matériel.
4. **Se laver les mains.**

Critères d'évaluation

- **L'organisation et l'ergonomie** : présence du matériel, des produits, respect de la marche en avant.
- **L'hygiène** : respect du circuit propre/sale ; tenue propre, lavage des mains, plan de travail propre.
- **La sécurité** : utilisation correcte et adaptée de la planche à découper, du couteau, de

l'autocuiseur.
- **L'économie** : utilisation d'un économe ou grattage des légumes.
- **La qualité du résultat** : absence de parties non comestibles, absence de salissures après lavage des légumes, présentation de la préparation esthétique, cuisson correcte des légumes.

ENTRAÎNEMENT 15

La réalisation d'un gâteau au yaourt

Analyse de la situation

Qui êtes-vous ? Un(e) salarié(e) d'une crèche familiale.
Où ? À la crèche.
Quelles sont les tâches que vous allez effectuer ? Réaliser et présenter un gâteau au yaourt.
Quels sont les enfants ? Trois enfants âgés de 2 ans, 2 ans et demi et 3 ans.
Quel est le moment de la journée ? Le goûter.

Objectif

Obtenir un gâteau léger et facile à réaliser pour faire participer les enfants.

Matériels et produits

Un saladier, un verre mesureur, un moule, une cuillère en bois, un plat, 1 pot de yaourt, 3 pots de farine, 1,5 pot de sucre, ½ pot d'huile, 2 œufs, 1 sachet de levure chimique, 1 sachet de sucre vanillé.

Préparation

1. **Porter une tenue adaptée** : une blouse et une charlotte.
2. **Se laver les mains.**
3. **Préparer le lieu.**
4. **Préparer le matériel et les produits :** préparer les denrées et sortir le matériel.

Exécution

1. **Mélanger les ingrédients.**
2. **Verser dans un moule beurré et fariné.**
3. **Cuire 40 minutes au four à 180 °C.**
4. **Démouler et présenter le gâteau.**

Rangement

1. **Nettoyer et ranger** le plan de travail.
2. **Laver** et essuyer la vaisselle.

❸ **Ranger** le matériel.

❹ **Se laver les mains.**

Critères d'évaluation

- **L'organisation et l'ergonomie** : présence du matériel, des produits, respect de la marche en avant.
- **L'hygiène** : respect du circuit propre/sale ; tenue propre, lavage des mains, plan de travail propre.
- **La sécurité** : utilisation correcte et adaptée du four.
- **L'économie** : mesure des quantités.
- **La qualité du résultat** : présentation de la préparation esthétique, cuisson correcte du gâteau.

ENTRAÎNEMENT 16

La préparation d'une semoule au lait en forme de petite souris

Analyse de la situation

Qui êtes-vous ? Un(e) assistant(e) maternel(le) agréé(e).
Où ? À votre domicile.
Quelles sont les tâches que vous allez effectuer ? Préparer le goûter.
Quels sont les enfants ? Benjamin 3 ans, Laura 2 ans et demi.
Quel est le moment de la journée ? Le goûter.

Objectif

Faciliter la digestion, améliorer la présentation et les qualités organoleptiques de l'aliment.

Matériels et produits

Une casserole, un couteau, deux cuillères à soupe, un saladier, un verre mesureur, une spatule, une assiette, 50 g de semoule fine, ¼ L de lait, 15 g de sucre en poudre, un sachet de sucre vanillé, un rouleau de réglisse, des amandes effilées, des raisins de Corinthe.

Préparation

❶ **Porter une tenue adaptée** : une blouse et une charlotte.

❷ **Se laver les mains.**

❸ **Préparer le lieu.**

❹ **Préparer le matériel et les produits** : préparer les denrées et sortir le matériel.

Exécution

❶ **Préparer la semoule :** dans une casserole, ajouter le lait et les sucres.

❷ **Porter à ébullition.**
❸ **Verser la semoule en pluie** et laisser cuire jusqu'à épaississement en mélangeant régulièrement pendant 5 minutes.
❹ **Retirer du feu et laisser refroidir.**
❺ **Confectionner les souris :** à l'aide de deux cuillères à soupe, réaliser deux belles quenelles de semoule.
❻ **Les déposer sur l'assiette de service.**
❼ À l'aide du dos d'une cuillère à café, **faire un étranglement** à un tiers du bout de la quenelle pour former la tête de la souris.
❽ **Façonner les quenelles** pour leur donner la forme d'une souris.
❾ **Tailler la réglisse** pour faire la queue et les moustaches de la souris.
❿ **Réaliser les yeux et le museau** avec les raisins de Corinthe.
⓫ **Former les oreilles** avec deux amandes.

Rangement et nettoyage

❶ **Nettoyer et ranger** le plan de travail.
❷ **Laver** et essuyer la vaisselle.
❸ **Ranger** le matériel.
❹ **Se laver les mains.**

Critères d'évaluation

– **L'organisation et l'ergonomie** : mise à disposition du matériel, des produits sur le plan de travail, respect de la marche en avant.
– **L'hygiène** : respect du circuit propre/sale ; tenue propre, lavage des mains, plan de travail propre.
– **La sécurité** : utilisation correcte et adaptée de la casserole.
– **L'économie** : utilisation d'un verre mesureur.
– **La qualité du résultat** : cuisson correcte de la semoule, présentation de la préparation esthétique.

ENTRAÎNEMENT 17

La préparation d'un clafoutis de légumes

Analyse de la situation

Qui êtes-vous ? Un(e) assistant(e) maternel(le) agréé(e).
Où ? À votre domicile.
Quelles sont les tâches que vous allez effectuer ? Préparer le déjeuner : un clafoutis de légumes.
Quels sont les enfants ? Benjamin, 3 ans, Laura, 2 ans et demi.
Quel est le moment de la journée ? Le matin.

Objectif

Faciliter la digestion, améliorer la présentation et les qualités organoleptiques de l'aliment.

Matériels et produits

Un saladier, une planche à découper, une passoire, un fait-tout ou une grande poêle, un couteau, une cuillère en bois, un plat à clafoutis (plat à gratin), 25 cL de lait, 3 œufs, 1 petite courgette, 2 tomates moyennes, 2 portions de « Vache qui rit », 1 cuillère à soupe d'huile d'olive, du sel, du poivre.

Préparation

1. **Porter une tenue adaptée** : une blouse et une charlotte.
2. **Se laver les mains.**
3. **Préparer le lieu.**
4. **Préparer le matériel et les produits** : préparer les denrées et sortir le matériel.

Exécution

1. **Préchauffer le four** à 180 °C.
2. **Laver et tailler** les tomates et la courgette en dés.
3. **Faire revenir les légumes** dans l'huile d'olive 5 minutes à feu doux.
4. **Préparer l'appareil à flan salé.**
5. Dans un saladier, **mélanger les œufs, « La vache qui rit », le lait, le sel et le poivre.**
6. **Beurrer le plat.**
7. **Verser les légumes dans le plat.**
8. **Verser l'appareil à flan.**
9. **Enfourner 40 minutes à 180 °C** (th. **6).**
10. **Vérifier la cuisson** avec la pointe d'un couteau.
11. **Servir chaud.**

Rangement et nettoyage

1. **Nettoyer et ranger** le plan de travail.
2. **Laver et essuyer** la vaisselle.
3. **Ranger** le matériel.
4. **Se laver les mains.**

Critères d'évaluation

- **L'organisation et l'ergonomie** : présence du matériel, des produits, respect de la marche en avant.
- **L'hygiène** : respect du circuit propre/sale ; tenue propre, lavage des mains, plan de travail propre.
- **La sécurité** : utilisation correcte et adaptée de la planche à découper, du couteau, de la poêle.
- **L'économie** : mesure des quantités.
- **La qualité du résultat** : absence de parties non comestibles, absence de salissures après lavage des légumes, présentation de la préparation esthétique, cuisson correcte du clafoutis.

ENTRAÎNEMENT 18

La préparation de sablés décorés

Analyse de la situation

Qui êtes-vous ? Un(e) assistant(e) maternel(le) agréé(e) dans une crèche familiale.
Où ? À votre domicile.
Quelles sont les tâches que vous allez effectuer ? Préparer des sablés sous forme de figurines et les décorer.
Quels sont les enfants ? Amélie, 2 ans et Lucas, 1 an.
Quel est le moment de la journée ? Le goûter.

Objectif

Obtenir des biscuits faciles à manger et appétissants.

Matériels et produits

Une plaque de cuisson recouverte de papier sulfurisé, des emporte-pièces, un couteau, un presse-agrumes, une assiette, un pichet, une pâte sablée (prête à l'emploi), des vermicelles de couleur, du sucre glace, des Smarties, trois oranges, du sucre.

Préparation

1. **Porter une tenue adaptée** : une blouse et une charlotte.
2. **Se laver les mains.**
3. **Préparer le lieu.**
4. **Préparer le matériel et les produits** : préparer les denrées et sortir le matériel.

Exécution

1. **Préchauffer le four.**
2. **Dérouler la pâte sablée** et faire des figurines à l'emporte-pièce ou avec un couteau.
3. **Les disposer sur du papier sulfurisé** sur une grille ou lèchefrite.
4. **Les faire cuire** 10-12 minutes à 150 °C (th. 5).
5. **Laisser refroidir et décorer.**
6. **Presser et servir le jus d'orange.**

Rangement et nettoyage

1. **Nettoyer et ranger** le plan de travail.
2. **Laver et essuyer** la vaisselle.
3. **Ranger le matériel.**
4. **Se laver les mains.**

Critères d'évaluation

- **L'organisation et l'ergonomie** : présence du matériel, des produits, respect de la marche en avant : progression de travail dans le même sens pour les opérations.
- **L'hygiène** : respect du circuit propre/sale ; tenue propre, lavage des mains, plan de travail propre.
- **La sécurité** : utilisation correcte et adaptée du four et du presse-agrumes.

- **L'économie** : utilisation d'un maximum de pâte sablée.
- **La qualité du résultat** : absence de salissures, présentation de la préparation esthétique, cuisson correcte des biscuits.

ENTRAÎNEMENT 19

La préparation d'une semoule au lait et d'une compote de pommes

Analyse de la situation

Qui êtes-vous ? Un(e) assistant(e) maternel(le) agréé(e).
Où ? À votre domicile.
Quelles sont les tâches que vous allez effectuer ? Préparer une semoule au lait et une compote de pommes.
Quels sont les enfants ? Tristan, 34 mois.
Quel est le moment de la journée ? Le goûter.

Objectif

Faciliter la digestion, améliorer la présentation et les qualités organoleptiques de l'aliment et confectionner une préparation originale.

Matériels et produits

Un autocuiseur ou une marmite, une casserole, une planche à découper, un couteau, un économe, une passoire, des ramequins, un mixeur ou moulin à légumes, un verre mesureur, une spatule, 2 pommes, 40 g de semoule, ¼ L de lait, 1 sachet de sucre vanillé, du sucre.

Préparation

❶ **Porter une tenue adaptée** : une blouse et une charlotte.
❷ **Se laver les mains.**
❸ **Préparer le lieu.**
❹ **Préparer le matériel et les produits** : préparer les denrées et sortir le matériel.

Exécution

❶ **Laver, éplucher, tailler et cuire les pommes** avec un peu d'eau.
❷ **Mixer la préparation.**
❸ **Répartir** dans des ramequins.
❹ **Faire bouillir le** mélange lait et sucre vanillé.
❺ **Verser la semoule en pluie.**
❻ **Remuer sur feu doux** pendant 5 minutes après épaississement.
❼ **Verser la semoule au lait sur la compote de pommes.**
❽ **Servir** à température ambiante.

Rangement et nettoyage

1. **Nettoyer et ranger** le plan de travail.
2. **Laver et essuyer** la vaisselle.
3. **Ranger** le matériel.
4. **Se laver les mains.**

Critères d'évaluation

- **L'organisation et l'ergonomie** : mise à disposition du matériel, des produits sur le plan de travail, respect de la marche en avant : progression de travail dans le même sens pour les opérations d'épluchage, de lavage, de taillage.
- **L'hygiène** : respect du circuit propre/sale ; tenue propre, lavage des mains, plan de travail propre.
- **La sécurité** : utilisation correcte et adaptée de la casserole, de la planche à découper, du couteau, de l'économe.
- **L'économie** : utilisation d'un verre mesureur et d'un économe.
- **La qualité du résultat** : cuisson correcte de la semoule, absence de parties non comestibles, cuisson correcte des pommes et présentation de la préparation esthétique.

ENTRAÎNEMENT 20

La préparation de sablés au citron

Analyse de la situation

Qui êtes-vous ? Un(e) assistant(e) maternel(le) agréé(e).
Où ? À votre domicile.
Quelles sont les tâches que vous allez effectuer ? Préparer des sablés au citron pour Léonie.
Quels sont les enfants ? Léonie, 3 ans.
Quel est le moment de la journée ? Non renseigné.

Objectif

Obtenir des biscuits faciles à manger et appétissants.

Matériels et produits

Un saladier, une plaque de cuisson recouverte de papier sulfurisé, des emporte-pièces, un couteau, un rouleau, une assiette, un citron, 180 g de sucre en poudre, 150 g de beurre, un œuf, 125 g de farine.

Préparation

1. **Porter une tenue adaptée** : une blouse et une charlotte.
2. **Se laver les mains.**
3. **Préparer le lieu.**
4. **Préparer le matériel et les produits** : préparer les denrées et sortir le matériel.

Exécution

❶ **Prélever zeste et jus du citron.** Réserver.
❷ **Préchauffer le four** à 180 °C (th. 6).
❸ **Mélanger** le beurre ramolli et le sucre.
❹ **Ajouter l'œuf, le jus de citron et le zeste.**
❺ **Ajouter la farine. Mélanger.**
❻ **Étaler la pâte.**
❼ À l'aide de l'emporte-pièce, **découper des cercles.**
❽ **Cuire 10 minutes** environ jusqu'à coloration.
❾ **Décorer les sablés.**

Rangement et nettoyage

❶ **Nettoyer et ranger** le plan de travail.
❷ **Laver et essuyer** la vaisselle.
❸ **Ranger** le matériel.
❹ **Se laver les mains.**

Critères d'évaluation

- **L'organisation et l'ergonomie** : présence du matériel, des produits, respect de la marche en avant : progression de travail dans le même sens pour les opérations.
- **L'hygiène** : respect du circuit propre/sale ; tenue propre, lavage des mains, plan de travail propre.
- **La sécurité** : utilisation correcte et adaptée du four.
- **L'économie** : utilisation d'un maximum de pâte sablée.
- **La qualité du résultat** : absence de salissures, présentation de la préparation esthétique, cuisson correcte des biscuits.

Corrigés des entraînements EP3 – Connaissances techniques

1 Trois signes digestifs caractéristiques d'une toxi-infection alimentaire :
– vomissement ;
– nausées ;
– crampes abdominales ;
– diarrhées ;
– fièvre ;
– céphalée ou mal de tête ;
– sueur et pâleur.

2 Cinq substances assimilables résultant de la digestion de la tarte :
– oses ou glucose ;
– glycérol ;
– acides gras ;
– acides aminés ;
– eau ;
– minéraux ;
– vitamines.

3 Deux règles d'hygiène indispensable avant une préparation culinaire :
– se laver les mains ;
– bionettoyage du plan de travail.

4 Trois aliments déconseillés en cas de diarrhées :
– fruits et légumes ;
– lait et produits laitiers ;
– légumes secs et céréales.

5 Quatre précautions à prendre lors de la préparation des légumes pour limiter les pertes nutritionnelles :
– cuisson à la vapeur d'eau, cuisson peu de temps avant le service ;
– ne pas laisser tremper dans l'eau ;
– utiliser un économe pour l'épluchage ;
– faire cuire dans un petit volume d'eau ;
– utilisation de l'autocuiseur ;
– utilisation d'un filet de citron.

6 Trois mentions obligatoires et deux mentions facultatives d'un étiquetage de produit alimentaire.

Obligatoires	Facultatives
Date limite de consommation (DLC) ou date limite d'utilisation optimale (DLUO), composition, n° de lot, quantité nette, dénomination	Valeur nutritionnelle, marque, code barre, logo, mode d'emploi

7 Les facteurs qui concourent à mettre en valeur les préparations culinaires (2 réponses attendues) :
– la présentation des plats ;
– l'odeur et la couleur ;
– l'ambiance de la salle ;
– le choix des aliments.

8 Trois précautions à prendre lors de la préparation de crudités pour limiter les pertes vitaminiques :
– éviter le trempage des légumes trop longuement dans l'eau ;
– laver à l'eau courante, rapidement mais avec précaution ;
– limiter le contact avec l'air et la lumière ;
– couvrir les préparations et mettre au frais.

9 Modification physicochimique du sucre au cours de la cuisson du gâteau : caramélisation des sucres.

10 Principaux types de régimes ou allergies alimentaires chez l'enfant (2 réponses attendues). :
– intolérance au gluten, ou fructose, ou arachide *;*
– diabétique, ou hypo-énergétique…

11 Produits utilisés pour l'entretien de l'enceinte à micro-ondes :
– détergent ou détergent désinfectant pour surfaces alimentaires afin d'éliminer les salissures et/ou les micro-organismes ;
– pas de produits abrasifs pour éviter de détériorer l'appareil ;
– produits à contact alimentaire pour éviter l'apport de produits toxiques dans les aliments.

12 Modification physicochimique des protéines du lait intervenant au cours de la cuisson de la pâte à crêpes : coagulation des protéines.

13 Citer trois formes de commercialisation des fruits et légumes :
– frais *;*
– surgelés *;*
– sous vide *;*
– appertisé…

14 Groupes alimentaires présents dans le gâteau aux abricots : VPO (viande, poisson, œuf) ; matières grasses ; produits laitiers ; produits sucrés ; féculents ; fruits et légumes. Intérêt de proposer ce gâteau à des enfants : ce gâteau contient tous les groupes d'aliments nécessaires au bon développement de l'enfant

15 Le ou (les) produit(s) utilisé(s) pour l'entretien du four à micro-ondes : d*étergent désinfectant contact alimentaire pour éliminer les salissures et les micro-organismes.*

16 Deux précautions pour préserver les vitamines lors de la réalisation de la salade de fruits (4 points) :
– utiliser des fruits frais *;*
– utiliser un couteau en acier inoxydable *;*
– faire de fines épluchures *;*
– réaliser la salade de fruits au dernier moment.

17 Les conditions de rangement des produits d'entretien sont : hors de portée des enfants pour éviter les accidents ; à l'abri de toute source de chaleur, d'humidité et de gel pour éviter la dégradation du produit ; fermer hermétiquement les récipients pour éviter les accidents domestiques.

18 Les deux techniques d'aération d'une maison sont : aération naturelle et aération mécanique.

Annexes

- Le règlement d'examen des épreuves
- Les périodes de formation en entreprise
- Les différents contextes d'exercice professionnel
- Les différentes activités liées aux contextes d'exercice

Certificat d'aptitude professionnelle
Accompagnant éducatif petite enfance

Règlement d'examen

<table>
<tr><td colspan="3">Certificat d'aptitude professionnelle
Accompagnant éducatif petite enfance</td><td colspan="2">Scolaires
(établissements publics et privés sous contrat)
Apprentis
(CFA et sections d'apprentissage habilités)
Formation professionnelle continue
(établissements publics)</td><td colspan="2">Scolaires
(établissements privés hors contrat)
Apprentis
(CFA et sections d'apprentissage non habilités)
Formation professionnelle continue (établissements privés)
Enseignement à distance - candidats libres</td></tr>
<tr><th>Épreuves</th><th>Unités</th><th>Coef.</th><th colspan="2">Mode</th><th>Mode</th><th>Durée</th></tr>
<tr><td colspan="7">Unités professionnelles</td></tr>
<tr><td>EP1 : accompagner le développement du jeune enfant</td><td>UP1</td><td>7 (1)</td><td colspan="2">CCF (2)</td><td>Ponctuel oral</td><td>25 min
(+ 1 h PSE)</td></tr>
<tr><td>EP2 : exercer son ACTIVITÉ en accueil collectif</td><td>UP2</td><td>4</td><td colspan="2">CCF</td><td>Ponctuel écrit</td><td>1 h 30</td></tr>
<tr><td>EP3 : exercer son ACTIVITÉ en accueil individuel</td><td>UP3</td><td>4</td><td colspan="2">CCF</td><td>Ponctuel pratique et oral</td><td>Maximum
2 h</td></tr>
<tr><td colspan="7">Unités d'enseignement général</td></tr>
<tr><td>EG1 : Français et Histoire-Géographie – Enseignement moral et civique</td><td>UG1</td><td>3</td><td colspan="2">CCF</td><td>Ponctuel écrit et oral</td><td>2 h 15 min</td></tr>
<tr><td>EG2 : Mathématiques - Sciences physiques et chimiques</td><td>UG2</td><td>2</td><td colspan="2">CCF</td><td>Ponctuel écrit</td><td>2 h</td></tr>
<tr><td>EG3 : Éducation physique et sportive</td><td>UG3</td><td>1</td><td colspan="2">CCF</td><td colspan="2">ponctuel</td></tr>
<tr><td>Épreuve facultative : Langue vivante (3)</td><td>UF</td><td></td><td>Ponctuel oral</td><td>20 minutes</td><td>Ponctuel oral</td><td>20 minutes</td></tr>
</table>

(1) Dont coefficient 1 pour la Prévention Santé Environnement (PSE)

(2) CCF : contrôle en cours de formation

(3) Seuls les points excédant 10 sont pris en compte pour le calcul de la moyenne générale en vue de l'obtention du diplôme.

Périodes de formation en milieu professionnel

1. Objectifs

Les périodes de formation en milieu professionnel sont des phases déterminantes de la formation car elles permettent :
- d'appréhender concrètement l'organisation des établissements et des services de la petite enfance, leurs personnels et leurs usagers ;
- d'apprendre à travailler en situation réelle, en présence d'usagers, avec les ressources et les contraintes du milieu professionnel ;
- de s'insérer dans une équipe de professionnels ;
- de mettre en œuvre ou d'acquérir, sous la responsabilité d'une personne qualifiée, tout ou partie des compétences définies dans le référentiel du diplôme.

La formation en milieu professionnel contribue à développer les capacités d'autonomie et de responsabilité du futur professionnel.

2. Modalités

2.1. Candidats relevant de la voie scolaire

La formation en milieu professionnel du CAP Accompagnant éducatif petite enfance a une durée de seize semaines sur l'ensemble de la formation pour un cycle de deux ans dont au minimum 8 semaines en année de terminale.

La formation en milieu professionnel se déroule dans les établissements et services d'accueil de la petite enfance : écoles maternelles, établissements d'accueil de jeunes enfants, pouponnières à caractère social, centres maternels, accueils collectifs pour mineurs (de 0 à 6 ans), tout établissement accueillant des jeunes enfants, le domicile privé de l'assistant maternel agréé (AMA) et les maisons d'assistants maternels, organisme de services à la personne offrant des prestations de garde d'enfant(s) de moins de 3 ans.

Au cours de leur formation, les candidats de la voie scolaire accomplissent au moins trois périodes de formation en milieu professionnel. Ces périodes de formation sont complémentaires afin d'acquérir ou de mobiliser les compétences du référentiel du CAP Accompagnant éducatif petite enfance dans des situations professionnelles variées (diversité des âges, des structures, des activités conduites…).

Au moins huit semaines de formation en milieu professionnel sont obligatoirement effectuées en dernière année de formation :
- une période d'une durée minimale de 4 semaines est réalisée en école maternelle ou EAJE ou ACM (moins de 6 ans) ;
- une autre période d'une durée minimale de 4 semaines est réalisée en EAJE ou auprès d'un assistant maternel agréé ou auprès d'un organisme de services à la personne agréé offrant des prestations de garde d'enfants de moins de 3 ans.

Pour les PFMP qui se déroulent au domicile privé de l'assistant maternel agréé ou en maison d'assistants maternels, les conditions de recevabilité sont les suivantes :
- l'assistant maternel est agréé par le conseil départemental et assure l'accueil d'enfant(s) depuis au moins cinq ans ;
- l'assistant maternel a validé l'épreuve EP1 du CAP Petite enfance (arrêté du 22/11/2007) ou détient les unités U1 et U3 du CAP Accompagnant éducatif petite enfance (arrêté du

22 février 2017) ou est titulaire d'un diplôme d'État d'auxiliaire de puériculture ou d'un diplôme intervenant dans le domaine de la petite enfance inscrit au RNCP d'au moins de niveau III.

Pour les PFMP qui se déroulent auprès d'un organisme de services à la personne offrant des prestations de garde d'enfant(s) de moins de 6 ans, les conditions de recevabilité sont les suivantes :
– délivrance de l'agrément pour les organismes de services à la personne pour la garde à domicile pour les enfants de moins de 3 ans ;
– le professionnel tuteur est titulaire d'un CAP Petite enfance (arrêté du 22/11/2007) ou du CAP Accompagnant éducatif petite enfance (arrêté du 22 février 2017) et a une expérience professionnelle d'au moins 3 ans auprès d'enfants de moins de 3 ans ;
– ou le professionnel tuteur est titulaire d'une autre certification de niveau V justifiant de compétences dans le domaine de la petite enfance et une expérience professionnelle d'au moins 5 ans auprès d'enfants de moins de 3 ans.

Au sein d'une équipe sanitaire, sociale, médico-sociale, socio-éducative ou éducative, sous la responsabilité du tuteur, l'élève est amené à conduire :
– des activités d'animation et d'éveil qui contribuent à la socialisation de l'enfant, à son autonomie et à l'acquisition du langage ;
– des activités de soins du quotidien qui contribuent à répondre aux besoins physiologiques de l'enfant et à assurer sa sécurité physique et affective ;
– des activités liées à la collaboration avec les parents et les autres professionnels prenant en compte une dimension éthique qui permet un positionnement professionnel adapté.

Les activités proposées peuvent aller de la participation jusqu'au travail en toute autonomie.

Les candidats doivent satisfaire aux conditions de vaccination et autres exigences du milieu professionnel, conformément à la réglementation en vigueur.

La recherche des organismes d'accueil est menée sous la responsabilité de l'équipe pédagogique, coordonnée par le directeur ou la directrice délégué(e) aux formations technologiques et professionnelles, ce qui n'exclut pas une participation des élèves à cette recherche sous réserve que celle-ci soit préparée.

L'organisation pédagogique des périodes de formation en milieu professionnel prend en compte l'accompagnement pédagogique de l'élève dans les différentes étapes de préparation, de déroulement et d'exploitation pédagogique de cette période ainsi que la qualité de la relation entre l'établissement et l'organisme d'accueil.

Les périodes de formation en milieu professionnel doivent faire l'objet d'une planification visant à assurer la cohérence de la formation. La répartition précise dans le temps est laissée à l'initiative des établissements pour tenir compte des conditions locales et du projet pédagogique.

Un membre de l'équipe pédagogique, de préférence le/la professeur(e) référent(e) fixe avec le tuteur/la tutrice les activités qui sont confiées à l'élève. Ces activités font référence aux objectifs de formation exprimés en compétences à développer ou à acquérir, à la progression pédagogique et aux éventuels travaux réglementés. Les activités professionnelles identifiées sont formalisées dans l'annexe pédagogique de la convention des PFMP qui établit également les modalités d'accompagnement, de suivi et d'évaluation de l'élève.

Pour chaque période de formation, une attestation doit être remplie par le responsable de l'établissement d'accueil. Le représentant légal de l'établissement de formation atteste de la conformité des lieux de PFMP.
Un candidat, qui, pour une raison majeure dûment constatée, n'a pu effectuer ses périodes de formation en milieu professionnel, peut être autorisé par le Recteur à se présenter à l'examen, le jury étant informé de la situation.

2.2. Candidats relevant de la voie de l'enseignement à distance
Les modalités et la durée de la formation en milieu professionnel sont identiques à celles des candidats de la voie scolaire.

2.3. Candidats relevant de la voie de l'apprentissage
La formation par apprentissage fait l'objet d'un contrat conclu entre l'apprenti et son employeur conformément aux dispositions en vigueur du code du travail.

Afin d'assurer la cohérence dans la formation, l'équipe pédagogique du centre de formation d'apprentis doit veiller à informer le maître d'apprentissage des objectifs de la formation en milieu professionnel.

Les lieux d'apprentissage sont des structures collectives d'accueil de jeunes enfants ou organismes de services à la personne offrant des prestations de garde d'enfant(s) de moins de 3 ans.
– délivrance de l'agrément pour les organismes de service à la personne pour la garde à domicile pour les enfants de moins de 3 ans ;
– le maître d'apprentissage est titulaire d'un CAP Petite enfance (arrêté du 22/11/2007) ou du CAP Accompagnant éducatif petite enfance (arrêté du 22 février 2017) et a une expérience professionnelle d'au moins 3 ans auprès d'enfants de moins de 3 ans
– ou le maître d'apprentissage est titulaire d'une autre certification de niveau V justifiant de compétences dans le domaine de la petite enfance et une expérience professionnelle d'au moins 5 ans auprès d'enfants de moins de 3 ans.
Il est important que les divers aspects de la formation en milieu professionnel soient effectués par l'apprenti. En cas de situation d'entreprise n'offrant pas tous les aspects de la formation, l'article R.117-5-1 du code du travail sera mis en application.

2.4. Voie de la formation professionnelle continue
a) Candidat en situation de première formation ou de reconversion
La durée de la formation en milieu professionnel (16 semaines) s'ajoute aux durées de la formation dispensée dans le centre de formation continue.

Les modalités de la formation en milieu professionnel sont les mêmes que pour les candidats scolaires.

Lorsque cette formation s'effectue dans le cadre d'un contrat de travail de type particulier, la formation en entreprise obligatoire est incluse dans la période de formation dispensée en milieu professionnel si les activités effectuées en milieu professionnel sont en cohérence avec les exigences du référentiel et conformes aux objectifs.

b) Candidat en situation de perfectionnement
Les attestations de formation en milieu professionnel sont remplacées par un ou

plusieurs certificats de travail attestant que l'intéressé a exercé les activités dans un ou plusieurs secteurs d'activités du CAP Accompagnant éducatif petite enfance en qualité de salarié à temps plein, pendant six mois au cours de l'année précédant l'examen, ou à temps partiel pendant un an au cours des deux années précédant l'examen.

Pour les candidats positionnés par décision du recteur (décret n° 95-663 du 9 mai 1995 modifié) la durée minimale de la formation en milieu professionnel est de 8 semaines.

2.5. Autres candidats

Pour l'épreuve EP1, les candidats doivent réaliser une PFMP en EAJE ou auprès d'un assistant maternel agréé ou d'un organisme de services d'aide à la personne agréé offrant des prestations de garde d'enfant(s) de moins de 3 ans, d'une durée minimale de quatre semaines consécutives ou non dans les trois années précédant la session d'examen. Les assistants maternels agréés et gardes à domicile sont dispensés de cette PFMP pour présenter cette épreuve mais doivent fournir un certificat de travail attestant de leur activité d'une durée d'au moins 12 semaines.

Pour l'épreuve EP2, une PFMP d'au moins quatre semaines consécutives ou non dans les trois années précédant la session d'examen ou une expérience professionnelle d'au moins 12 semaines en école maternelle ou en EAJE ou en ACM (moins de 6 ans) est exigée pour se présenter à l'épreuve.

Les lieux des PFMP, supports des épreuves EP1 et EP2 seront distincts.

Les candidats qui n'ont aucune expérience professionnelle dans le secteur de la petite enfance, doivent réaliser 16 semaines de PFMP dont :
– 8 semaines en EAJE ou auprès d'un assistant maternel agréé ou d'un organisme de services d'aide à la personne agréé offrant des prestations de garde d'enfant(s) de moins de 3 ans ;
– 8 semaines en école maternelle ou en EAJE ou en ACM (moins de 6 ans).

Contextes d'exercice professionnel

Le titulaire du CAP Accompagnant éducatif petite enfance est dénommé différemment selon les contextes d'exercices professionnel. À titre d'exemples, ces professionnels sont identifiés sous les terminologies suivantes

École maternelle, accueil collectif des mineurs	Établissement ou services d'accueil collectif des enfants de moins de 6 ans	Domicile
– Agent territorial spécialisé des écoles maternelles – Agent d'accompagnement à l'éducation de l'enfant – Assistant éducatif petite enfance – Adjoint/ Agent d'animation	– Auxiliaire petite enfance – Agent social – Agent d'accompagnement à l'éducation de l'enfant – Assistant éducatif petite enfance	– Garde d'enfant à domicile – Assistant maternel – Employé à domicile – Employé familial auprès d'enfant

Activités en fonction du contexte d'exercice

Dans une finalité éducative, le titulaire du CAP AEPE conduit différentes activités (animation, éveil, soins) liées à la collaboration avec les parents et les autres professionnels. Certaines sont communes aux différents contextes professionnels, d'autres sont spécifiques.

Activités communes aux différentes contextes d'exercice professionnel	**1. Accompagner l'enfant dans ses découvertes et ses apprentissages**	**1.1** Mise en œuvre des conditions favorables au jeu libre et à l'expérimentation. **1.2** Mise en œuvre d'activité d'éveil.
	2. Prendre soin et accompagner dans les activités de la vie quotidienne	**2.1** Réalisation des soins du quotidien et accompagnement de l'enfant dans les apprentissages. **2.2** Application des protocoles liées à la santé de l'enfant.
	3. Inscrire son action dans le réseau des relation enfant-parents-professionnels	**3.1** Accueil de l'enfant et de sa famille. **3.2** Partage d'information avec l'équipe et les autres professionnels.
Activités spécifiques	**4. Exercer son activité en école maternelle**	**4.1** Assurer une assistance pédagogique au personnel enseignant. **4.2** Assurer des activités de remise en état des matériels et des locaux.
	5. Exercer son activité en EAJE et en ACM.	**5.1** Participation à la mise en œuvre du projet d'établissement et du projet pédagogique
	6. Exercer son activité à son domicile, celui des parents ou en maisons d'assistants maternels	**6.1** Négociation du cadre de l'accueil ; organisationnel et conventionnel. **6.2** Sécurisation des espaces de vie de l'enfant **6.3** Entretien du logement et des espaces réservés à l'enfant. **6.4** Élaboration des repas.

MIXTE
Papier issu de
sources responsables
FSC® C022030

Dépôt légal : janvier 2022 - N° de projet : 10280006
Achevé d'imprimer en France, en décembre 2021
sur les presses de l'imprimerie Chirat - N° 202111.0398